AF592236

LA LÉGENDE AMOUREUSE

DE

BERTRAN DE BORN

Critique historique de l'ancienne biographie provençale
appuyée de recherches sur
les comtes de Périgord, les vicomtes de Turenne, de Ventadour,
de Comborn, de Limoges, et quelques autres familles

PAR

STANISLAW STROŃSKI

Professeur à l'Université de Cracovie

PARIS

LIBRAIRIE ANCIENNE HONORÉ CHAMPION

ÉDOUARD CHAMPION

5, QUAI MALAQUAIS

1914

LA LÉGENDE AMOUREUSE

DE

BERTRAN DE BORN

AVANT-PROPOS

Nous avons deux excellentes éditions des poésies de Bertran de Born : l'une de M. A. Stimming (*Bertran de Born*, éd. maj. Halle, 1879, revue et corrigée en deux éd. min., publ. dans la *Romanische Bibliothek* en 1891 et 1913), l'autre de M. A. Thomas (*Poésies complètes de Bertran de Born*, t. I de la Ire série de la *Bibliothèque Méridionale*, Toulouse 1888). Aux études sur la vie de Bertran, dont les deux éminents savants ont précédé leurs publications de ses œuvres, se joint un travail de M. L. Clédat sur *Le rôle historique de Bertran de Born*, Paris, 1879.

Pour retracer la vie et éclaicir les poésies de Bertran, on se sert naturellement de l'ancienne biographie provençale, plus explicite pour ce troubadour que pour aucun autre, car, outre la notice biographique proprement dite (« vida »), elle contient dix-huit commentaires des chansons (« razos »).

La plus grande partie de ces récits est consacrée aux poésies politiques du troubadour, qui constituent le gros de son chansonnier, et on a vu depuis longtemps que, dans ce commentaire, les souvenirs historiques exacts se mêlent à des renseignements tirés du texte même des poésies.

Mais Bertran a aussi une histoire amoureuse. Elle est racontée dans cinq « razos ». Et elle a toujours été acceptée par tous les critiques telle quelle.

Le but de la présente étude est de démontrer que cette histoire amoureuse de Bertran de Born a été inventée de toutes pièces par l'ancien biographe, qui n'avait aucune connaissance directe de l'époque du troubadour.

Pour le prouver, nous n'allons pas discuter la vraisemblance ou l'invraisemblance de cette histoire, car, dans une pareille appréciation, l'élément subjectif joue toujours un trop grand rôle. Mais nous tâcherons de faire voir que les renseignements sur les personnages introduits dans ce récit sont inexacts au point de révéler avec toute évidence que l'auteur n'avait que des souvenirs très indirects de l'époque du troubadour. Et s'il ne connaît pas l'époque et ne sait pas nous dire exactement qui étaient les personnages qu'il introduit dans son histoire, comment aurait-il pu savoir quoi que ce soit sur leur vie intime ?

Si l'on veut prouver l'inexactitude des renseignements sur ces personnages il faut serrer de près le problème. Les généalogies actuellement en vigueur sont trop vagues. C'est pourquoi il a été indispensable de refaire, en remontant aux sources mêmes, les généalogies des comtes de Périgord et des quatre maisons vicomtales limousines de Turenne, de Ventadorn, de Comborn et de Limoges, ainsi que de faire quelques recherches nouvelles sur les autres familles nommées par l'ancien biographe. C'est le seul moyen de donner à nos investigations une base solide.

Cette étude confirmera, croyons-nous, sur un exemple très caractéristique, les conclusions qui ont été présentées, au sujet des anciennes biographies, dans la préface du volume consacré à Folquet de Marseille (pp. VII-X). Ces conclusions portent sur la nécessité d'établir une distinction nette entre les deux genres d'informations qu'on y trouve. Les données générales sur la vie réelle des troubadours, leur famille, nom, condition et autres renseignements semblables, ont été recueillies sur les lieux mêmes et ne sont pas simplement inventées. Mais sur les prétendues aventures amoureuses des troubadours les anciens biographes ne savent absolument rien et brodent, sur les allusions des chansons, des récits naïfs, en introduisant des personnages que leur indiquaient les chansons ou bien leurs recherches dans les pays où les troubadours avaient chanté.

Cette opinion, confirmée par l'examen d'une biographie des moins extravagantes, s'oppose aux théories, aujourd'hui encore admises, d'après lesquelles les anciennes biographies nous donneraient un tableau fidèle, comme l'avait dit C. Chabaneau, de la haute société et de la vie courtoise à l'époque des troubadours.

LA LÉGENDE AMOUREUSE
DE
BERTRAN DE BORN

LE RÉCIT DE L'ANCIENNE BIOGRAPHIE

Bertran de Born composa, outre les sirventès politiques qui constituent la plus grande partie de son chansonnier, quelques pièces dans lesquelles il parle de dames et d'amour. Ces chansons, de même que la plupart des poésies politiques, ont été commentées dans cinq « razos » qui retracent l'histoire amoureuse du troubadour.

Il était amoureux, dit le biographe, de Maeut de Montagnac, fille du vicomte de Turenne, sœur de Maria de Ventadorn et d'Hélis de Montfort, et femme de Talairan, frère du comte de Périgord. Un jour, elle le congédia. Il se dit alors qu'il n'en trouverait plus d'aussi belle, à moins de créer une dame merveilleuse, à laquelle chacune des belles châtelaines qu'il connaissait prêterait sa qualité la plus charmante, et il le leur demanda en allant de l'une à l'autre. On peut voir toutes ces dames nommées dans la chanson qu'il fit sur ce sujet, ajoute le biographe. Voici son récit :

I. — Bertrans de Born si era drutz d'una domna gentil e jove e fort prezada, et avia nom madomna Maeuz de Montanhac, molher d'En Talairan, qu'era fraire del comte de Peiregorc, et ela era filha del vescomte de Torena e sor de madomna Maria de Ventadorn e de N'Elis de Monfort. E, segon qu'el dis en son chantar, ela·l partit de se e·lh det comjat, don el fo mout tristz e iratz e fetz razo que jamais no la cobraria, ni autra no trobava que fos tan bela ni tan bona ni tan plazens ni tan ensenhada. E penset, puois qu'el no·n poiria cobrar neguna que pogues esser engals a la soa domna, qu'el en fezes una en aital guisa qu'el soisseubes de las autras bonas domnas e belas de chascuna una beutat o un bel semblan o un bel acolhimen o un avinen parlar o un bel chaptenemen o un bel gran o un bel talh de persona. Et enaissi el anet queren a totas las bonas domnas que chascuna li dones un d'aquestz dos que m'avetz auzit nomar per restaurar la soa domna qu'avia perduda. Et e·l sirventes qu'el fetz d'aquesta razo vos auziretz nomar totas las domnas a lasquals el anet querre socors et aiuda a far la domna soisseubuda. E'l sirventes qu'el fetz d'aquesta razo si commenza : « Domna puois de me no·us chal e partit m'avetz de vos ».

Dans une autre « razo », qu'il rattache expressément à la précédente, le biographe rebrousse chemin, pour nous révéler la raison de la brouille survenue entre le troubadour et sa dame. Celle-ci était jalouse de la dame Guischarda de Beaujeu, femme du vicomte de Comborn, que Bertran avait admirée avant de la connaître, pour le bien qu'il en entendait dire, et qu'il avait célébrée dès son arrivée en Limousin. Le biographe dit :

II. — Bertrans de Born si era drutz de madomna Maeu de Montanhac, de la molher de Talairan, que era aitals domna com vos ai dich en la razo del sirventes de « la domna soisseubuda ». E si com ieu vos dis, ela·l partit de se e det li comjat et encusava lo de madomna Guischarda, de la molher del vescomte de Comborn, d'una valen domna, que fo de Borgogna, sor d'En Guischart de Beljoc. Avinens domna e ensenhada era, complida de totas beutatz. Si la lauzava fort en comtan et en chantan Bertrans. Enanz qu'el la vis, era sos amics per lo be qu'el auzit d'ela, et enanz qu'ela fos venguda a marit al vescomte de Comborn, e per l'alegreza qu'el ac de la soa venguda si fetz aquestas coblas que dizon : « Ai ! Lemozis, francha terra cortesa... ». E per aquesta domna Guischarda si·l partit de se madomna Maeuz, qu'ela crezia qu'el li volgues miells que ad ela, e qu'ela li fezes amor. E per aquest departimen el fetz « la domna soisseubuda », e·l sirventes que ditz : « Ieu m'escondisc, domna, que mal no mier ».

Après la brouille vient la réconciliation. Bertran alla voir Tibors de Montausier, femme du seigneur de Chalais, de Barbezieux, et de Montausier, en Saintonge. Il lui conta sa mésaventure et se déclara prêt à devenir son chevalier. Tibors, qui était très sage, lui répondit qu'elle essayerait d'abord de le réconcilier avec Maeut, espérant qu'il n'avait rien fait de mauvais, et dans le cas où il serait impossible d'y parvenir, qu'elle le prendrait à son service. Maeut apprit entre temps que Bertran n'était point coupable, et, prêtant l'oreille aux demandes qu'on lui adressait, elle le rappela auprès d'elle. Voici le texte de cette « razo » :

III. — Bertrans de Born si fo acomjadatz de soa domna, madomna Maeut de Montanhac, e no·lh tenc pro sagramens ni esdichs qu'el fezes en comtan ni en chantan qu'ela volgues creire qu'el non ames Na Guischarda. E si s'en anet en Saintonge vezer madomna Na Tiborc de Montausier qu'era de las plus prezadas domnas que fossen el mon, de beutat e de valor e d'ensenhamen. Et aquesta domna era molher del senhor de Chales e de Berbezil e de Montausier. E·N Bertrans si· lh fetz reclam de madomna Maeut que l'avia partit de se e no· l volia creire, per sagramen ni per esdich que li fezes, qu'el no volgues be a Na Guischarda. E si la preguet qu'ela·l degnes recebre per chavalier e per servidor. Madomna Na Tibors, com savia domna qu'ela era, si· lh respondet enaissi : « Bertrans, per la razo que vos etz vengutz sai a me, ieu en sui mout alegra e gaia e tenh m'o a gran honor, e d'autra part si mi desplatz : ad honor m'o tenh, quar vos m'etz vengutz vezer ni pregar qu'ieu vos prendra per chavalier e per servidor, e desplatz mi mout, si vos avetz fach ni dich so perque madomna Maeuz vos aia dat comjat ni perque sia irada ab vos. Mas ieu sui aquela que sai be com si chambja tost cors d'amadors e d'amairitz. E si vos non avetz falhit ves madomna Maeut, tost en sabrai la vertat, e si vos retornarai en la soa gracia, s'enaissi es. E si en vos es lo falhimens, ieu ni autra domna no· us deu mais acolhir ni recebre per chavalier ni per servidor. Mas ieu farai ben aitan qu'ieu vos penrai a mantener et a far lo concordi entre vos et ela ». Bertrans si s'en tenc mout per pagatz de la responsio de madomna Na Tiborc e promes li qu'el non amara mais autra domna ni servira si no madomna Na Tiborc, si chausa era qu'el no pogues recobrar l'amor de madomna Maeut. E madomna Na Tibors promes a·N Bertran, s'ela no·l podia acordar ab madomna Maeut, qu'ela·l recebria per chavalier e servidor. E non anet longa sazos que madomna Maeuz saup qu'En Bertrans non avia colpa, et escoutet los precs que ·lh eran fach per En Bertran, e si·l tornet en gracia de vezer lo e d'auzir sos precs. Et el li comtet e·lh dis lo mantenemen que·lh avia fach madomna Na Tibors e la promessio qu'ela avia fach' ad el. Don madomna Maeuz li dis qu'el preses comjat de madomna Na Tiborc e que·s fezes absolver las promessios e·ls sagramens que ilh avian fachs entre lor. Don Bertrans de Born fetz aquest sirventes : « S'abrils e fuolhas e flors ». E si recordet lo socors qu'anet a demandar a madomna

Na Tiborc e l'acolhimen qu'ela li fetz dintz son repaire en una cobla que dis : « Domna, s'ieu quisi socors ». En las autras coblas blasmet los ric baross...

C'est après cette réconciliation que le biographe nous présente, dans une autre « razo », Bertran et Maeut en d'excellents rapports. En effet, il y parle de leur amour comme d'une chose connue par les récits précédents. Maeut préférait Bertran à maints princes qui briguaient son amour. Le troubadour, satisfait d'avoir une telle dame et désireux de le dire très haut, pour que les autres sachent à quoi s'en tenir, la célébra en des paroles qui laissaient entendre qu'il l'avait vue déshabillée. Le biographe le dit dans le récit qui suit :

IV. — Bertrans de Born si s'apelava « Rassa » ab lo comte Jaufre de Bretanha, qu'era fraire del rei jove e d'En Richart qu'era coms de Peitau. E·N Richartz e·N Jaufres si s'entendian en la domna d'En Bertran de Born, Na Maeut de Montanhac, e·l reis N'Anfos d'Arago, e· N Raimons lo coms de Tolosa. Et ela los refudava totz per En Bertran de Born que avia pres per entendedor e per chastiador. E per so qu'ilh remasessen dels precs d'ela, el volc mostrar al comte Jaufre quals era la domna en cui el s'entendia, e si la lauzet en tal manieira que paria qu'el l'agues vista nuda e tenguda. E volc be qu'om saubes que Na Maeuz era la soa domna, aquela que refudava Peitau, so era En Richartz qu'era coms de Peitau, e· N Jaufre qu'era coms de Bretanha, e·l rei d'Arago, qu'era senher de Saragosa, e·l comte Raimon qu'era senher de Tolosa, e per so dis En Bertrans : « Rassa, als rics es orgolhosa... » E d'aquesta razo que· us ai dicha el fetz so sirventes e de blasmar los rics...

Un épisode à part forme le sujet de la cinquième et dernière « razo ». Bertran de Born alla voir, avec le comte Richard, la sœur de celui-ci, femme du duc de Saxe, et mère de l'empereur Othon, qui se nommait Elena. Elle savait que le troubadour pouvait lui faire grand bien, en la célébrant dans ses chansons, et elle le reçut avec bienveillance. Bertran devint amoureux de la duchesse. Voici le récit du biographe :

V. — Bertrans de Born si era anatz vezer una seror del rei Richart, que fo maire de l'emperador Ot, laquals avia nom madomna Eleina, que fo molher del duc de Sansonha. Bela domna era e mout cortesa et ensenhada e fazia gran honor en son acolhimen et en son gen parlar. E·N Richartz, qu'era adoncs coms de Peitau, si l'assis lonc sa seror e si·lh comandet qu'ela·lh disses e·lh fezes plazer e gran honor. Et ela, per la gran volontat qu'ela avia de pretz e d'onor, e per so qu'ela sabia qu'En Bertrans era tan fort prezatz hom e valens e qu'el la podia fort enanzar, si·lh fetz tan d'onor qu'el s'en tenc fort per pagatz et enamoret se fort de lieis, si qu'el la commenzet lauzar e grazir. En aquela sazo qu'el l'avia vista el era ab lo comte Richart en una host e·l temps d'invern, et en aquela host avia gran desaise. E quan venc un dia d'una domenga, era be mieis dia passatz que non avian manjat ni begut. E la fams lo destrenhia mout et adoncs fetz aquest sirventes que dis : « Ges de disnar no for' oimais matis ».

Nous avons rapporté les quatre « razos » concernant Maeut suivant l'ordre des trois ou plutôt des deux manuscrits (IK et F) qui contiennent ces récits en tête des chansons auxquelles ils se rapportent : c'est bien l'ordre dans lequel ils se suivaient sous la plume de l'ancien biographe, comme nous l'avons vu. La « razo » sur la duchesse de Saxe les précède dans les manuscrits. L'ordre suivi par MM. Thomas et Stimming est : IV, II, I, III, V ; celui de C. Chabaneau : IV, I, II, III, V.

Accordant leur foi au récit de l'ancien biographe, tous les critiques le suivent pour retracer l'histoire amoureuse de Bertran[1].

Cependant, ce récit est-il vraiment digne de foi et quelle est, au juste, sa valeur historique?

Pour y répondre, il faut examiner l'exactitude des renseignements qui, dans ce récit, par leur nature même, n'échappent pas au contrôle et à la critique historique. Ce ne sont pas, évidemment, les événements qui forment la trame de cette histoire : ils peuvent paraître invraisemblables aux uns, vraisemblables aux autres, d'autant plus qu'ils ne se distinguent point, comme bien d'autres, par une extravagance flagrante. Mais ce qu'on peut vérifier, ce sont bien les renseignements sur les personnages introduits dans ces aventures.

1. Stimming 3e éd. pp. 13-17; Clédat pp. 63-6 et 79-8; Thomas pp. 24 et 34-7; F. Bergert, *Die von den Trobadors genannten oder gefeierten Damen*, Halle 1913 pp. 14-15, 17, 24.

MAEUT DE MONTAGNAC

I

ÉTAT ACTUEL DE LA QUESTION

Maeut de Montagnac, que l'ancienne biographie provençale nous présente comme la dame aimée et célébrée entre toutes par Bertran de Born, y est mentionnée dans quatre « razos » soit par son nom seul, soit avec quelques précisions, comme dans le passage suivant, le plus explicite de tous, au début de la « razo », sur la chanson célèbre de la « domna soisseubuda » :

« Bertrans de Born si era drutz d'una domna gentil e jove e fort prezada, et avia nom madomna Maeuz de Montanhac, molher d'en Talairan, qu'era fraire del comte de Peiregorc, et ela era filha del vescomte de Torena e sor de madomna Maria de Ventadorn e de n'Elis de Monfort. »

Si, pour trouver une confirmation de ces données, on consulte les ouvrages d'histoire généalogique, en commençant par les plus anciens, on constate tout d'abord que Christofle Justel qui publia en 1645 son *Histoire généalogique de la maison de Turenne*, basée sur les documents qui forment son recueil des « preuves », ne connaît point Maeut et ignore cette alliance avec la maison de Périgord, mais, un siècle plus tard, on trouve bien une confirmation dans l'*Art de vérifier les dates* qui, énumérant les enfants de Boson, comte de Périgord vers le milieu du XIIe siècle, lui donne, outre son successeur Helias V Talairan, dont la femme était, elle aussi, de la maison de Turenne, plusieurs fils encore, parmi lesquels nous trouvons celui qui nous intéresse (3ème éd. 1784, t. II, p. 378) :

> « Guillaume Taleyrand qui eut une femme nommée Mensa ou Mathilde[1], dont le Troubadour Bertrand de Born fut amoureux ».

On voit que les auteurs de cette notice connaissent parfaitement la biographie provençale de Bertran de Born (et ils en font, en effet, un large usage pour retracer les événements du temps de Helias V), mais en même temps ils disposent d'autres informations encore qui leur ont permis de nous dire le nom exact du mari de Maeut.

L'ancienne biographie provençale et la notice de

1. La forme *Mensa* est une latinisation arbitraire de la forme *Maenz*, fausse elle-même, mais qui fut employée par tous les auteurs (Millot, Diez, Stimming[1]) jusqu'au moment où Bartsch indiqua l'erreur : « Comment *Mahtilt* peut-il devenir *Maenz*? Il est vrai que le ms. *F* lit *Maenz* mais *I K* portent constamment *Maeuz* et c'est bien la forme juste et satisfaisante au point de vue linguistique » (*ZfrPh.* III 413, compte rendu de la 1re éd. de Stimming).

la grande chronologie bénédictine constituent la base et le point de départ de tous les ouvrages postérieurs.

Tandis que l'*Histoire littéraire des Troubadours* de Sainte-Palaye et de l'abbé Millot, publiée en 1774, ne s'appuie encore que sur la biographie provençale seule, Diez est le premier qui, dans son *Leben und Werke der Troubadours* de 1829, ait corroboré l'information de l'ancienne biographie de l'autorité historique de l'*Art* dont il invoque les données (du reste avec une erreur due à l'inadvertance), et désormais Maeut de Montagnac de la maison de Turenne et son mari de la maison de Périgord, dûment attestés par la critique historique, entrent dans tous les ouvrages sur Bertran de Born.

Il y a un point au sujet duquel on hésite. L'ancienne biographie nomme trois sœurs de Turenne : Maeut de Montagnac, Maria de Ventadorn, Élis de Montfort, et on trouve dans une chanson de Bertran de Born une mention de « las tres de Torena ». D'autre part, M. Stimming (1re éd. p. 14) fit observer que « d'après Geoffroy de Vigeois (Bouquet XII, 425) et d'après l'*Art de vérifier les dates* (X, 205), où l'on indique comme source le cartulaire de Dalon, Helias V de Périgord, c'est-à-dire le frère aîné de Guillaume-Talleyrand, était, lui aussi, marié avec une fille de Raimon II, vicomte de Turenne, mais le nom de cette dame ne figure pas dans la source en question ». Par conséquent il faudrait admettre qu'il y avait au moins quatre sœurs de Turenne. Pour écarter la difficulté, M. Stimming présente l'hypothèse suivante (1re éd. p. 15 et 3e éd. p. 13) : Maeut fut la seule de Turenne qui entra, par mariage, dans la maison de Périgord, mais elle fut femme du comte Helias V Talairan, celle que les sources historiques attestent sans en donner le nom, et non pas femme de Guillem Talairan que le biographe provençal a confondu avec son frère à cause du surnom commun de Talairan. Cette hypothèse de M. Stimming (Helias Talairan mari—Maeuz de Turenne femme) est enregistrée comme probable par M. F. Bergert (p. 14), tandis que les autres critiques, M. Clédat (p. 63), Chabaneau (p. 22, n. 2), M. Thomas à ce qu'il paraît (p. XXXIV et cf. 110), s'en tiennent au texte de la biographie (Guillem Talairan mari—Maeuz de Turenne femme).

Tel est l'état actuel de la question.

II

GUILLEM TALAIRAN N'A PAS EXISTÉ

En examinant de près la généalogie des comtes de Périgord, telle qu'elle a été établie dans les notes et ouvrages consacrés à cette maison, on se heurte à des inexactitudes assez importantes. Aucune conclusion nette ne serait possible sur cette base peu solide, d'autant plus que certaines erreurs portent sur la génération qui nous intéresse, vers le milieu du XIIe siècle, ainsi que sur celles qui la précédèrent et la suivirent immédiatement. C'est pourquoi il faut commencer par refaire cette généalogie à l'aide de témoignages authentiques : on la trouvera à l'appendice I.

D'après la généalogie généralement acceptée, la maison des comtes de Périgord aurait été représentée à l'époque de Bertran de Born par quatre ou six frères (les deux derniers étant inconnus à la plupart des auteurs) :

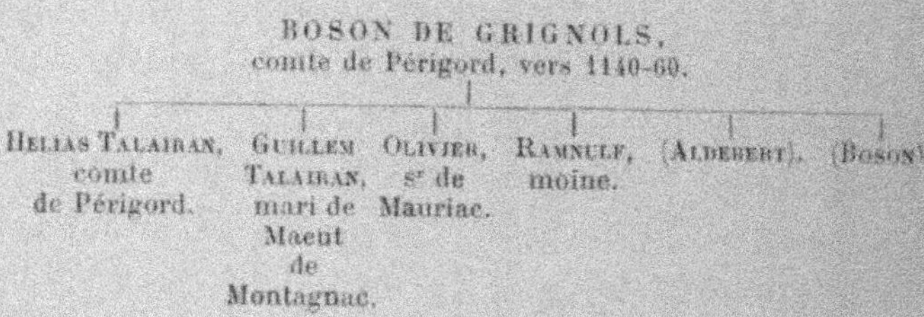

Helias Talairan, comte de Périgord, est attesté par de nombreux témoignages entre 1166 et 1203; Audebert et Boson ses frères, qui ne figurent pas dans la plupart des tables généalogiques, accompagnent le comte dans un acte de 1162/69 ; on peut voir tous les documents en question dans notre généalogie à l'article Helias VI Talairan.

Pour les trois autres frères, Guillem Talairan, Olivier de Mauriac et Ramnulf le moine, toutes les généalogies s'appuient sur la notice que voici de la *Gallia Christiana* (nova 1715) dans la liste des abbés de La Faise (II, 888) :

« Ramnulfus I qui et Radulfus, frater Guillelmi et Oliverii de Mauriaco, qui nonnulla monasterio dederunt, cum ibi veste monachali donatus est, secundum Martennium nostrum ; cognominatur de Taleyrand (en marge : D. Claud. Estiennot) diciturque frater Heliae comitis Petragoricensis. Abbas vero nominatur an. 1178... 1180... 1181... 1187... 1189... Obiit ex necrologio Silvae Majoris XIII cal. Nov. »

On voit que les auteurs de la *Gallia Christiana* empruntèrent leurs informations sur la famille de cet abbé à deux auteurs : 1° à Dom Martène, dans les papiers duquel ils trouvèrent l'analyse d'un acte dont ils tirèrent cette donnée que le moine Ramnulf était frère de Guillem et d'Olivier de Mauriac ; 2° à Dom Claude Estiennot qui avait relevé, dans ses notes, que Ramnulf était frère du comte Helias Talairan.

L'original de la notice de Dom Claude Estiennot qui a servi aux auteurs de la *Gallia Christiana* nous est encore accessible aujourd'hui. Elle se trouve dans un des manuscrits laissés par cet érudit et faisant partie de ses « Antiquitates Benedictinae », à savoir dans le recueil en deux volumes consacré à la « Vasconia » et composé en 1680 (Bibl. Nat. mss. lat. 12.751-2). On y trouve, au 1er volume, pp. 169 ss., un catalogue des abbés du monastère de Notre-Dame de La Faise qui fut fondé en 1137. En voici les passages qui nous intéressent :

1. Raymundus MCXXXVII...

2. Petrus Raymondo succedit... Helyas Taleyrandi eidem abbati quosdam census dimisit in compensationem danni quod intulerat monasterio et pro fratre suo Ramnulpho qui ibi factus est monachus et postea abbas...

3. Stephanus denato Petro succedit regitque ad annum circiter MCLXXVIII.

4. Ramnulphus Taleyrandi Heliae comitis Petra-

goricensis frater, e monacho Faeziae abbas instituitur anno saltem MCLXXXI quo Willelmus Aymo cessit quae habebat in molendinis Faeziae. Anno MCLXXXVIII pacem fecit cum Clario abbate Sti Emilionis (vide probat. cart. V), sanctimonialis habitum Agneti vicecomitissae dedit (probat. cart. IV), ecclesiam Sti Petri de Luciaco a Willelmo archpo Burdegalensi acquisivit (probat. cart. IV) et omnino nomen abbatis ac maioris factis implevit ad annum circiter MCC. Anno MCLXXX Helyas Partover (?) miles in Faezia fit monachus a R. abbate. Huius meminit necrologium Sylvae Majoris XIII Kalend. Novembris.

Dom Estiennot s'appuie sur des documents, qu'il avait l'intention de citer dans ses « preuves ». Il a vu une charte de Helias Talairan par laquelle celui-ci acccorda certains privilèges au monastère de La Faise et dans laquelle il était dit qu'un frère du comte, Ramnulf, s'y était fait moine. C'est un témoignage suffisant pour placer Ramnulf parmi les fils du comte Boson.

D'autre part, Dom Martène, d'après la mention des bénédictins, car ses papiers ne nous sont pas connus directement, a vu un autre document, par lequel Guillem et Olivier de Mauriac firent certains dons au monastère lorsque leur frère Ramnulf y prit l'habit de moine.

Mais Ramnulf, frère des seigneurs de Mauriac, du document de Dom Martène, est-ce le même personnage que Ramnulf, frère du comte de Périgord, du document de Dom Claude Estiennot, comme l'admettent les auteurs de la *Gallia Christiana* sans y éprouver aucune difficulté ?

Évidemment non.

Il existait bien une famille féodale de Mauriac, mais elle n'avait, naturellement, rien de commun avec la maison des comtes de Périgord. Dans un acte de 1158 nous voyons Arnaut de Mauriac qui avait pour père Stéphane, pour aïeul Lambert, pour bisaïeul Ramnulf; il a un frère Helias de Mauriac dont les fils s'appellent Isarn et Gerbert et les petits-fils Folco et Helias; le fief de Mauriac y est expressément mentionné; c'est toute une série généalogique que personne ne pensera à faire entrer dans la généalogie des comtes de Périgord. Les noms de Ramnulf et d'Olivier étaient portés dans cette famille. L'ancêtre le plus ancien d'Arnaut de Mauriac nommé dans l'acte de 1158 avait porté le nom de Ramnulf. Un Olivier de Mauriac est attesté vers le même temps. On voit bien que c'est une famille à part[1].

1. On lit dans une série de donations faites à l'abbaye de Cadoin en 1158 : « Imprimis Arnardus de Mauriaco, filius Stephani, filii Lamberti, filii Ramnulfi, dedit... quicquid dominii habebat in manso de Lussoteriis... Hanc autem donationem fecit in parochia Sti Petri de Novico, ad crucem de Teurat, in manu Ramnulfii Cadun. abbatis, fratris sui conterini (sic : utérin)... Hoc idem donum fecit et concessit Helias de Mauriaco, frater Arnaldi in manu ejusdem R. fratris sui Cadun. abbatis, apud castrum Claromontem mense maio... Et Isarnus et Girbertus filii ejus et Fulco et Helias nepotes eius dederunt et destote concesserunt... quod habebant ex feudo Mauriacensium in manso de Lussoteriis... » (*Coll. Périg.* t. 37 p. 231-2 et t. 77 p. 144 d'après l'orig. du cart. p. 67). — Dans un autre acte de la même série des donations Olivier de Mauriac est témoin : « Girbertus de Lavernia et filii ejus Ysarnus et Girbertus et uxor ejus Alpaxis... in manu R. abbatis... fecerunt apud Claromontem... videntibus et audientibus... Oliverio de Mauriaco... » (*ibid.* t. 37 p. 233 et t. 77 p. 145). — Il s'agit de Mauriac dans la Dordogne, commune de Douzillac, canton de

Les auteurs de la *Gallia Christiana* ont simplement mis sur le compte d'un seul personnage deux notes de deux érudits se rapportant à deux personnages différents : Ramnulf frère du comte Helias de Périgord et Ramnulf frère de Guillem et d'Olivier de Mauriac.

Ensuite les généalogistes, à partir des bénédictins, auteurs de l'*Art de vérifier les dates*, induits en erreur par cette confusion des deux personnages dans la *Gallia Christiana*, qui fut leur source unique sur ce point, donnèrent pour frère à Helias Talairan et à Ramnulf encore Guillem et Olivier de Mauriac, en plaçant ainsi, dans la généalogie des comtes de Périgord, deux personnages d'une tout autre famille.

D'autre part les auteurs de l'*Art* apprirent, par l'ancienne biographie provençale de Bertran de Born, qu'ils connaissaient et qu'ils exploitaient, qu'un frère du comte de Périgord surnommé Talairan avait pour femme Maeut de Montagnac. Ils donnèrent donc à Guillem, en le faisant mari de Maeut, le surnom de Talairan. Les généalogies ultérieures ne font que suivre la première.

Ainsi, après avoir contrôlé les informations des ouvrages historiques au sujet de Guillem Talairan, qui paraissaient confirmer les données de l'ancienne biographie provençale sur le mari de Maeut de Montagnac, nous arrivons à la conclusion que,

Neuvic (c'est à Neuvic qu'Arnaut de Mauriac fait la transaction avec l'abbaye) arrondissement de Ribérac.

d'une part, la précision au sujet de son nom (Guillem) ne repose que sur une confusion avec un Guillem de Mauriac, et que, d'autre part, l'information sur son surnom (Talairan) remonte uniquement à la biographie elle-même.

L'existence d'un frère du comte Helias Talairan nommé Guillem Talairan est plus qu'inattestée : elle est improbable, on peut dire, impossible.

Aux origines, au xe siècle, le surnom de Talairan était porté par un membre de la branche de Périgord, comme celui de Talhafer par un autre de la branche d'Angoulême. Le souvenir en a été conservé par une voie très simple : la chronique d'Adémar de Chabanes. Dès le début du xiie siècle, les deux familles reprirent ces surnoms sonores. Mais, ni dans l'une ni dans l'autre, il n'arriva jamais que deux frères les aient portés simultanément. Dans la maison de Périgord c'est toujours le privilège de l'aîné. Le surnom ayant toujours été attaché à un seul personnage, il était possible de désigner les personnages en question, dans des documents, par le surnom seul, ce qui arrive parfois. Helias Talairan est appelé Talairan tout court en 1167 et dans les poésies de Bertran de Born en 1182/83, son petit-fils Archambaut Talairan en 1203 (cf. notre généalogie) ; à la même époque Guillem Talhafer d'Angoulême, qui avait plusieurs frères, est le plus souvent désigné par le surnom seul (cf. Boissonade, *Les comtes d'Angoulême* dans les *Annales du Midi*, VII, p. 282). Cela aurait été impossible si deux personnages avaient porté le même surnom.

L'existence de Guillem Talairan, qui n'est point attestée, est donc, au surplus inadmissible, à côté de Helias Talairan.

D'après notre examen il faut supprimer Guillem Talairan et Olivier de Mauriac, et la liste rectifiée de la famille de Périgord à l'époque de Bertran de Born se présentera de la façon suivante :

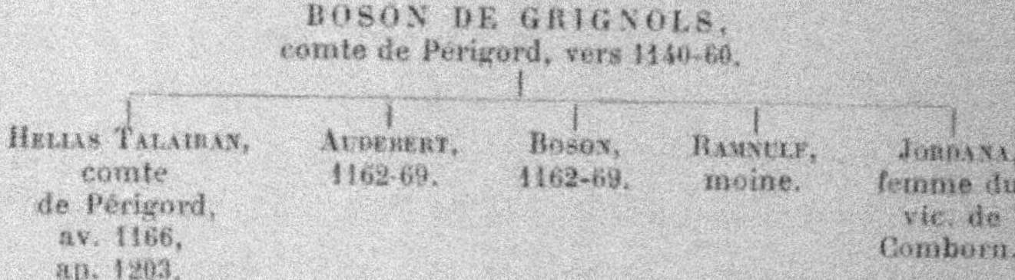

Il nous reste à apprécier la valeur de l'information de l'ancienne biographie provençale qui nous dit, à l'encontre de nos recherches, que le comte de Périgord avait un frère surnommé Talairan : il s'agit de savoir si l'auteur de cette biographie a réellement eu des renseignements sérieux sur la famille des comtes de Périgord, ou s'il a tiré cette donnée de son propre fonds.

Ce nom apparaît deux fois dans les poésies de Bertran de Born et dans les commentaires de son biographe.

Dans la pièce « Un sirventes on motz no falh » Bertran de Born parle de l'occupation de la ville de Périgueux par les Poitevins du comte Richard (str. VII) et il raille le comte Helias Talairan qui n'ose pas sortir de sa forteresse (car « arenalh » signifie un château fort du comte construit dans la ville par son père vers 1150, comme nous l'apprend un passage de la chronique des évêques de Périgueux : « Boso comes Petragoricensis supra locum Arenarum Petragorae magnam turrem et excelsam construxit », cf. notre généalogie l'article de Boson) :

> Talairans no trota ni salh
> ni no·s mou de son arenalh.

L'ancien biographe, voyant bien que cette allusion ne saurait viser que le comte de Périgord, dit :

> ... e·l comte de Peiregorc, que avia nom Talairan, al qual Richartz avia touta la ciutat de Peiregorc.

Dans une autre pièce « Ges de far sirventes no·m tartz » Bertran dit :

> Ja mais n'Azemars ni n'Amblartz
> no·m do treguas ni·n Talaïrans.

Il s'agit d'Aimar vicomte de Limoges, d'un seigneur Amblart moins connu (un « Amblardus comtors de Diana » figure en 1174 deux fois avec ses fils et sa femme au cartulaire d'Obazine, ff. 115 et 147, Bibl. Nat. ms. lat. nouv. acq. 1560), et du comte Helias Talairan comme dans le passage précédent.

L'ancien commentateur donne cependant d'autres identifications :

> ... a n'Azemar lo vescomte de Lemotges, et a n'Amblart comte de Peiregorc, et a·n Talairan senhor de Montanhac...

Et cette dernière désignation rattache ce passage à celui qui se trouve dans le commentaire cité ci-dessus (p. 8) des pièces amoureuses, où il est dit que Maeut de Montagnac était femme du seigneur Talairan, frère du comte de Périgord.

Les identifications des trois personnages dont parle Bertran sont, dans l'ancienne biographie, fausses à tel point qu'elles compromettent assez gravement l'auteur. L'ancien biographe, qui nous parle d'Amblart, comte de Périgord, ignorait jusqu'au nom du comte qui régnait à l'époque de Bertran de Born pendant quarante ans! Ensuite, quant à l'identification de Talairan avec un frère du comte, il est évident que ce surnom ne peut pas désigner, dans deux poésies de Bertran à peu près contemporaines, tantôt le comte, tantôt son frère, mais toujours le comte.

Il va sans dire que les assertions de l'ancien biographe sur un frère du comte de Périgord nommé Talairan, présentées en des circonstances qui laissent bien voir son ignorance, n'ont pas une grande valeur.

III

MAEUT DE MONTAGNAC N'A PAS EXISTÉ

Guillem Talairan, dira-t-on, peut bien ne pas avoir existé, mais il est toujours possible qu'un des frères attestés du comte de Périgord ait été mari de

Maeut de Montagnac et que l'information de la biographie soit en substance exacte.

Cela encore se montrera insoutenable.

Maeut était, d'après l'ancienne biographie, fille du vicomte de Turenne : pourquoi s'appelle-t-elle de Montagnac?

Tous les historiens et tous les provençalistes sont d'accord pour regarder ce titre comme lui venant de la part de son mari qui était seigneur de Montagnac, qui est, dit-on, la localité bien connue du Périgord, centre d'une importante châtellenie au moyen-âge, Montignac (chef-lieu de canton, arrondissement de Sarlat, dans la Dordogne), qui appartenait à la maison des comtes de Périgord et a formé l'apanage d'un frère du comte[1].

1. Courcelles, *Hist. généal. et hérald. des pairs de France*, t. IV art. Turenne, Paris 182. : « Talleyrand seigneur de Montignac et non pas Montagnac, comme l'écrivent quelques modernes » (p. 4); Dessalles, *Hist. de Périg.* t. I publ. en 1883 : « Montignac-le-Comte, Montignacum, petite ville qui est aujourd'hui chef-lieu de canton... Les comtes de Périgord y possédaient un de leurs plus beaux châteaux... Montignac et Grignols devinrent des terres d'apanage... Guillaume Taleyrand seigneur de Montignac et mari de Maens de Turenne » (pp. 175, 233, 242, 246); Clédat, *Du rôle hist. de B. de Born*, Paris, 1879 : « Bertran de Born et Maenz de Montignac » (p. 63); Stimming *B. von Born* éd. 1-3, Halle 1879-1913 : « « Wilhelm, der jüngere Bruder des eben genannten Elias V, und, wie dieser Talairan oder Talleyrand zubenannt, Herr von Montagnac, jetzt Montignac, einem Schlosse, das etwas südlich von Autafort lag » (3ª éd., p. 157; Montignac dans le Sarladais est situé au sud d'Hautefort presque en ligne directe à une vingtaine de kilomètres de distance); Chabaneau, *Les troub. Renaud et Geoffroy de Pons*, Paris 1881 : « Renaud II de Pons épousa, à une date inconnue (vers 1200), Marguerite dame de Montignac, qu'on croit, dit Courcelles (Lespine) fille unique et héritière de Taleyrand seigneur de Montignac et frère de Hélie V comte de Périgord » (p. 8; on

Cette manière de voir est tout à fait erronée, parce que :

1) la localité de Montagnac du XIIe siècle, dont parle la biographie du XIIIe, ne saurait être identifiée avec la ville de Montignac dont le nom a toujours été tel qu'il est aujourd'hui ;

2) la seule dame qui pouvait, à cette époque, porter le titre de la dame de Montagnac, localité qui existait alors en réalité, n'était autre que la femme du comte Helias Talairan lui-même, qui ne s'appelait cependant point Maeut mais Raimonda et qui provenait d'une branche de la maison de Turenne.

Nous allons justifier ces affirmations.

La femme du comte Helias Talairan nous est connue par deux documents, tous les deux encore inédits.

Le premier est une donation à l'abbaye de Dalon en 1167. Il est conservé dans un volume manuscrit de Baluze contenant des extraits du cartulaire de Dalon (Bibl. Nat. *Armoires de Baluze*, t. 375, p. 33-4, ancienne pagination 59-60). Deux copies en ont été faites par les auteurs du grand recueil manuscrit sur le Périgord (Bibl. Nat. *Collection de Périgord*, t. 53, p. 239 et t. 77, p. 150). Voici ce document qui, d'après l'indication de Baluze, se trouvait au fol. 110 de l'original du cartulaire :

Ego Raimundus, vicecomes Turennensis, dono et concedo Deo et beatae Mariae et fratribus Dalonis in perpetuam elee-

établit, à tort, cette filiation, parce que Montignac dans le Sarladais se trouve au XIIIe siècle en possession des srs de Pons); Chabaneau *Biogr. des Troub.* 1885 : « Talayran, seigneur de Montignac (arr. de Sarlat, Dordogne) mari de Maeuz » (p. 22 note 2).

mosynam, in manu Amelii abbatis, mansum de Las Treilas cum omnibus pertinenciis suis. Et ego Talairans, gener predicti vicecomitis, hoc idem donum, sicut supra scriptum est, prefatis fratribus Dalonis in perpetuam Eleemosynam dono atque concedo. Factum est hoc apud Martellum, anno ab incarnatione Domini MCLXVII.

Il y a dans ce document un point qui demande à être élucidé. Raimon, vicomte de Turenne en 1167, était né en 1143, comme enfant posthume; il ne pouvait pas avoir une fille nubile en 1167; par conséquent Helias Talairan ne pouvait pas être son gendre (voir à l'appendice II la généalogie des vicomtes de Turenne). D'autre part, il est certain que le mariage de Helias Talairan était non seulement promis mais bien conclu à cette date, car un fils qu'il eut de ce mariage, figure dans les actes dès 1186, et son petit-fils dès 1203 (voir à l'appendice I la généalogie des comtes de Périgord). Le beau-père de Helias doit donc avoir été un autre Raimond de Turenne qui se donnait le titre de vicomte.

Un autre document nous présente le comte et la comtesse qui font une donation à l'abbaye de Chancellade vers 1180. Il se trouvait dans le cartulaire de Chancellade sur lequel il fut copié, avec d'autres extraits, par l'abbé Lespine, archiviste du monastère, pour son recueil manuscrit sur le Périgord, où on en trouve quatre copies (Bibl. Nat. *Collection de Périgord*, t. 33, p. 373, à l'article de Chancellade, t. 53, p. 211 et p. 241 à l'article du comte Hélias Talairan, t. 77, p. 164, dans la série chronologique des titres). Dans l'original du cartulaire ce document se trouvait à la p. 62 :

Helias Talairanz, comes Petragoricensis, et Raimonda, comitissa uxor illius, pro salute animarum suarum dederunt Deo et Sanctae Marie et omnibus fratribus de Cancellata, ubicumque habitent, in omnibus obedientiis eorum lo peatge e la venda de omnibus rebus suis in tota terra sua et specialiter in loco de Landia. Dederunt lo chalfatge et lo pastenc animalibus suis et opera necessaria domibus suis in bosco de Bures in sua parte. Haec dona fecit supranominatus comes in castello de Monpao quod pro uxore sua Raimonda possidebat, en la sala comtal, in manu domini Arnaldi prioris de Cancellata et de Landia. Videntibus et audientibus Augerio capellano de Monpao et Geraldo Bego et Arnaldo de Sancto Asterio militibus et Stephano Artaut praeposito comitis et Aimerico Delsol et Petro de Basatz.

Cet acte n'est pas daté; mais une note, ajoutée à la fin de la copie par l'abbé Lespine, dit que cet acte est du temps de l'abbé Géraud qui dirigea le monastère de 1168 à 1189; d'autre part nous savons par d'autres actes du même cartulaire qu'après le prieur Helias Deudric attesté en 1175, le prieur Arnaut, dont il est question dans notre charte, apparaît dans un acte de 1180, et est remplacé par Adémar en 1185; on peut donc dire que cette donation eut lieu vers 1180[1].

1. La note de l'abbé Lespine à la fin de l'acte : « Cartulaire de Chancelade page 62 du temps de Gerald 3me abbé, élu en 1168, mort en 1189 » (*Coll. Périg.* t. LIII p. 211). Voici quelques informations sur les prieurs tirées du cartulaire et insérées dans l'article de l'abbaye de Chancellade au t. XXXIII de la *Coll. Périg.* : « 1175... Helia Deudric priore de Cancellata et Guarsia suppriore et Stephano Deudric cantore et Aimerico armario » (p. 364); « 1180... G. Abbas de Cancellata, Arnaldus

Cet acte complète donc heureusement les renseignements du premier, en nous donnant le nom de la comtesse : Raimonda, ainsi que la désignation très précieuse des biens qu'elle apporta en dot au comte : c'était la châtellenie de Montpaon.

Montpaon, dont le nom commença à être altéré en Montpont, nom actuel, vers le XVe siècle seulement, est situé sur la rive gauche de l'Isle, aujourd'hui chef-lieu de canton, arrondissement de Ribérac, département de la Dordogne[1].

L'importance de l'information qui nous apprend que Montpaon était la dot de Raimonde de Turenne, femme du comte Helias Talairan, consiste en ceci que c'est dans la châtellenie de Montpaon qu'était situé le château de Montagnac.

Il existait, en effet, au moyen âge, un castel de Montagnac, ville et château. Ce nom est bien attesté au XIIIe siècle. A la fin du XIVe siècle il est remplacé par Montignac-le-Petit, évidemment par rapport à l'autre Montignac, plus important, dans l'arrondisse-

prior, Stephanus Deudric supprior, Radulphus cantor, Aimericus sacrista, Ademarus cellararius » (pp. 352 et 357 d'après le fol. 58 verso du cartulaire orig.); « 1185... Ademarus prior », « 1188... G. prior » (p. 358). Quant à Landia dont il est question dans l'acte, on peut signaler la forêt de la Lande dans le canton de Montpont.

1. Voici pour le changement de nom quelques mentions de cette localité postérieures au XIIe siècle citées par le Vte de Gourgues dans son *Dictionnaire topographique du département de la Dordogne* Paris 1873, p. 208 art. de Montpont : « *Montpao* (pouillé du XIIIe s.). — *Montepao* 1273. — *Montpouns* (Cart. de la Sauve, p. 103). — *Monspavo* 1364 (Chatell. Lesp. 10). — *Castellum Monponis* 1439 (Lesp. Bail à Ataux). — *Montpaon* 1533 (grands jours tenus à Périgueux) ».

ment de Sarlat. Plus tard, l'ancien Montagnac fut réuni à la commune de Monestérol ou Ménestérol et son nom, altéré, n'apparaît plus qu'à côté de l'autre : Ménestérol-Montignac. L'ancien Montagnac est situé sur une colline, à la rive droite de l'Isle, en face de Montpont dont il n'est que peu éloigné. Il faisait jadis partie de la châtellenie de Montpaon et appartient aujourd'hui au canton de Montpont[1].

Voici quelques renseignements historiques sur la châtellenie de Montpaon et sur le castel de Montagnac qui en faisait partie et que Raimonda de Turenne apporta en dot au comte Helias de Périgord.

D'abord, ce n'est pas sans surprise qu'on voit Montpaon et Montagnac, dans l'arrondissement actuel de Ribérac, appartenir à la famille de Turenne. La vicomté de Turenne était constituée des domaines qui s'étendaient sur une partie des départements de la Corrèze et du Lot. Par consé-

1. Vicomte de Gourgues, *Dict. topogr. du dép. de la Dordogne*, Paris 1873, p. 207 : « *Montignac* réuni à *Monestérol* C^ne^ et C^on^ de Montpont. — *Montanhac* (pouillé du XIIIe siècle). — *Villa Montaniaci* 1281 (cout.) — *Castellum de Montignacum dictum le Petit*, 1399 (arrêt de confisc. du cte de Périg.). — *Petit-Montignac* 1533 (enquête pour la dame de Montrésor). — *Montignac-Vauclaire* (Belleyme, Atlas du Périgord) ». Joanne : « *Ménestérol-Montignac*, Dordogne, c. de 1143 h : *Ménestérol* à 25 m. tout près de la rive droite de l'Isle, presque en face de Montpont ; *Montignac* à 270 m. à 3 k. 1/2 N. E. de Ménestérol, sur la belle colline boisée dominant la Chartreuse de Vauclaire et la même rive de la même rivière ; cant. et post. de Montpont (1 km.) arr. de Ribérac (33 km.). » Cf. Vicomte de Gourgues art. Montpont : « Ancienne châtellenie dite de Montpont ou du Puy-de-Chalas comprenait 18 paroisses :... Montignac... ». Cf ci-dessous p. 30.

quent elle avoisinait la partie orientale de la Dordogne et non la partie occidentale, où se trouvent, dans l'arrondissement de Ribérac, les localités de Montpaon et de Montagnac. Pourtant, il existe des témoignages historiques qui établissent un lien entre ces deux domaines séparés.

Boson I de Turenne (M. 1092) avait, entre autres enfants, Raimon I qui fut son successeur à la vicomté de Turenne (1092 — ap. 1122), et Archambaut de Ribérac, comme l'appelle Geoffroi de Vigeois. En réalité, Archambaut, qui est attesté dès 1091, prend dans un acte de 1116 le nom d'Archambaut, vicomte de Ribérac. Il mourut en 1117[1].

C'est évidemment un fils d'Archambaut qui apparaît vers 1120 dans une charte en faveur de l'abbaye de Chancellade par laquelle Rudel, comte de Périgord, et d'autres barons font certaines dona-

1. Sur Archambaut de Ribérac voir la généalogie des vicomtes de Turenne dans Geoffroi de Vigeois : « Boso genuit Raymundum et Archambaudum de Ribeirac et Ebolum abbatem Tatellensem... » (Bouquet *Rec. Hist. Fr.* XII, 423) et cf. un autre passage du même chroniqueur : « Ebolus Tutellensis abbas... iste fuit frater Raimundi de Torena et Archambaldi de Ribeyrac et filius Bosonis » (Labbe *Nov. Bibl., Mss.* II, p. 307 ch. 53); — 1091 : « Boso vicecomes Torenensis castri et uxor mea nomine Guirberga obtulimus... filium nostrum nomine Ebolum... annuentibus filiis nostris Raymondo et Archambaldo » (*Cart. Tulle* éd. Champeval, n° 498 p. 265) et un autre acte de 1091 : « Boso vicecomes et uxor ejus Girberga et eorum filii Raimundus scilicet et Arcambaldus » (*ibid.* n° 501 p. 267); — 1116 : « Ego Raymundus vicecomes Torennensis... concessit frater meus Arcambaldus vicecomes de Ribairac » (*ibid.* n° 510 p. 273); — 1117 ou 1118 : « Raimundus vicecomes de Torenna... pro anima fratris sui Archambaldi » (*ibid.* n° 507 p. 272); pour les deux derniers actes voir aussi Baluze, *Historiae Tutellensis libri tres*, Paris 1717 pp. 135 et 138.

tions, et qui y est nommé Raimon vicomte de Ribérac[1] :

Eodem die Raimundus de Ribeirac vicecomes, consilio Rudelli comitis, hanc eandem concessionem fecit de illis terris, que ad illum pertinerent, et quos sui feuatarii Deo et Ste Marie de Cancelata dare vellent, videntibus Rudello comite et Geraldo Bernardi et Helia Landric, ante januam monasterii Sti Stephani, intus clocharium.

Raimon, vicomte de Turenne et de Ribérac, apparaît encore dans un acte en faveur de la même abbaye, au temps de l'abbé Helias, entre 1143 et 1168[2] :

Raimundus vicecomes de Torena et de Ribeirac dedit Deo et Beate Marie et fratribus de Cancellata et loco de Landia, in manu Dni Helie abbatis, totum quod adquisierant et totum quod in futurum adquirere poterunt a suis feuatariis. Hoc donum fecit in Landia praefatus vicecomes, videntibus et audientibus Petro Bernardi qui multo tempore fuerat prior de Briva et Arnaldo de Poibosc...

Dans ce Raimon de Turenne et de Ribérac, bienfaiteur du lieu de Landia, qui se donnait, comme son père Archambaut, le titre de vicomte, pour marquer son origine, nous retrouvons certainement le beau-père de Helias Talairan, comte de Périgord, qui est appelé en 1167 gendre de Raimon, vicomte de Turenne, et qui donna, avec sa femme, vers 1180,

1. Bibl. Nat. *Coll. Périg.*, t. LI-II, fol. 180 t. LXXVII, p. 407 et cf. à l'appendice I, généalogie des comtes de Périgord, l'article de Rudel.
2. Bibl. Nat. *Coll. Périg.*, t. LI-II fol. 180 et cf. t. XXXIII, p. 354, le catalogue des abbés de Chancellade plus exact que la liste dans *Gallia Cahristiana* II, 1503.

certains privilèges au même lieu de Landia, étant à Montpaon et disant expressément qu'il possédait cette châtellenie par sa femme.

On comprend maintenant pourquoi Helias Talairan et Raimonda donnèrent à leur fils cadet le nom d'Archambaut qui apparaît avec lui pour la première fois dans la maison des comtes de Périgord pour n'en plus disparaître : ce fut le nom du grand-père de Raimonda et fondateur de la branche de Ribérac des vicomtes de Turenne qui transmit aux comtes de Périgord le domaine de Montpaon et de Montagnac.

Ce domaine fut donné par Helias et par Raimonda précisément à Archambaut, leur fils cadet, qui reprit le titre de vicomte de Ribérac, comme le prouve un acte de 1211. Il mourut sans postérité et son apanage fut rattaché au domaine comtal, car on voit Archambaut I comte de Périgord, son neveu, petit-fils de Helias Talairan et de Raimonda, donner en 1228 au monastère de Chancellade une localité située dans la châtellenie de Montpaon. Le fils et successeur d'Archambaut Ier, Helias VIII Talairan, transigea en 1244, au sujet des limites de la châtellenie de Montpaon dont il fut le seigneur, et la même année il fit un accord avec les bourgeois de Périgueux au sujet de l'établissement d'un port sur l'Isle dans la châtellenie de Montpaon. D'autres actes du XIIIe siècle nous montrent toujours cette châtellenie dans les mains des comtes de Périgord[1].

1. Voici les actes qui, après celui du comte Helias Talairan et de Raimonda sa femme passé vers 1180 (voy. ci-dessus p. 24),

On se demande aussi si la localité de Montagnac, aujourd'hui presque inconnue, avait réellement, aux XIIe et XIIIe siècles, une importance suffisante pour être le castel auquel pensait l'ancien biographe, en donnant son nom à la dame de Turenne qui l'apporta aux comtes de Périgord. Or, nous avons quelques témoignages qui nous montrent Montagnac au XIIIe siècle, vers le temps où notre biographe composait son récit, et qui prouvent qu'il était dans la châtellenie de Montpaon une place forte et une ville assez importante.

En 1272, le comte Archambaut II passe un acte concernant la châtellenie de Montpaon, et il le signe à Montagnac, qui paraît avoir été une de ses

montrent le passage de ce domaine d'entre les mains de la maison de Turenne en possession des comtes de Périgord. 1211 : « Archambaldus comes Petrag. vicecomes de Ribairiaco... in ecclesia Sancti Martini de La Ila (corr. Laila de la copie)... interfuerunt... Gauterius de la Rocha prior de Landia... » (*Coll. Pér.* t. XXXIII p. 375 et t. LXXVIII p. 2-3). Nous y trouvons, outre le titre du vicomte de Ribérac, des données géographiques : une église sur l'Isle et le prieuré de Lande, dont il était question dans l'acte de 1180 passé à Montpaon. Sur Archambaut voy. à l'appendice la généalogie des comtes de Périgord. — 1228 : « N'Archambauz coms de Peregurs... donet... en la parrofia S. Marsal d'Artensa » (*Coll. Périg.* t. XXXIII p. 368, t. LIII p. 275, t. LXXVIII p. 19 et cf. à l'appendice l'article d'Archambaut I dans la généalogie). Il s'agit de Saint-Martial-d'Artenset, dans la vallée de l'Isle, canton de Montpont (3 km. de distance), arr. de Ribérac, dans la Dordogne. — 1244 juin : sentence de Pierre de Castillon, entre Helias Talairan comte de Périgord et le seigneur de Gurzon au sujet des limites des châtellenies « de Gorzonio et de Montepavonis » (*Coll. Périg.* t. LIV p. 13); la même année, on lit dans l'accord sur l'établissement d'un port : « que·l portz sia faichs en la Ila... devon paiar ses plus a Monpao... nos o fassam quitar e portem perpetua garentia, per tant que la honors de Monpao s'esten » (*Coll. Périg.*, t. LIV p. 10 et t. LXXVIII p. 40).

résidences. En 1281, le même comte concède des franchises et des coutumes à la ville de Montagnac sur l'Ile, dans la châtellenie de Montpaon, qui montre que c'était une des cités les plus importantes dans le Périgord et qui devança la plupart des autres dans la conquête des privilèges municipaux. En 1289, dans un acte du même comte, concernant la châtellenie de Montpaon, il est question des châteaux de Montagnac et de Benaven, qui étaient les deux places fortes de la châtellenie[1].

1. Voici quelques extraits des actes qui nous font connaître l'ancien Montagnac. — 1272 : Archambaut comte de Périgord donne à cens perpetuel à Arnaut Giraudi de la paroisse del Piso, châtellenie de Montpaon « unum esclusagium seu riparium unius molendinarii siti in rivo vocato publice La Mycha, inter maynamentum Girardie, parrochie del Piso, et maynamentum antiquius vocatum podium Estremont... pro una emina frumenti... Actum et datum apud Montaniac IV aprilis in Vigilia Paschae anno Dni MCG septuagesimo secundo » (Bibl. Nat. *Coll Périg.*, t. LIII, p. 335 d'après l'orig. aux arch. de Pau, ch. 48, côté Montpaon, n° 30, inv. de Montignac, fol. 540). — 1281 : « Arcambaldus comes Petragoricencis universis praesentes litteras inspecturis salutem in Dno. Noverint universi et singuli quod nos habitatoribus villae nostrae Montaniaci, Petragoricensis Diocesis, concedimus libertates et consuetudines infrascriptas... Item habitantes in dicta villa passent per pontem transversanum fluvii Ylie... Vende et pedagia persolvantur secundum bonos usus Montaniaci et secundum bonas consuetudines castellaniae Montispavonis... Item aqua et pascua sint communia secundum bonos usus et consuetudines Montaniaci et castellanie Montispavonis... Actum et datum apud Montaniacum mense februarii, anno domini MCCLXXX primo » (Bibl. Nat. *Coll. Doat*, t. CCXLII, p. 417, d'après l'orig. aux arch. de Pau, arm. d'Albret, chap. 18, côté Bergerac, Montignac, et copie *Coll. Périg.*, t. LIII, p. 358); — 1289 : « Universis praesentes litteras inspecturis Archambaldus comes Petragoricensis salutem et fidem presentibus adhibere. Noveritis quod cum dissencio seu contrastus esset seu vertebatur inter nos, comitem Petragoricensem praedictum, ex una parte, et Iterium Vigerii donzellum,

Il est désormais certain que Montagnac dans l'ancienne biographie n'est point Montignac sur la Vézère (arr. de Sarlat), mais l'ancien castel de Montagnac sur l'Isle près Montpaon (arr. de Ribérac), de même qu'il est certain que c'était Raimonda de Ribérac, d'une branche de la maison de Turenne, femme de Helias Talairan, comte de Périgord, qui lui apporta ce château en dot vers 1160 et qui seule pouvait être appelée dame de Montagnac.

Maeut de Montagnac, femme de l'imaginaire Guillem Talairan ou d'un frère quelconque du comte de Périgord, n'a par conséquent jamais existé : elle est inventée par l'ancien biographe sous l'influence de quelques souvenirs vagues de Raimonda.

Il est évident que l'ancien biographe n'a réussi à recueillir que des renseignements fort incomplets et

filium quondam Andronis Vigerii militis defuncti, et Mariam uxorem ejusdem Iterii, ex altera, super eo quod dicebant prefati conjuges se habere ius in pedagio quod percipitur et levatur in castro et castellania Montispavonis et dominio ejusdem castri et castellaniae... tandem inter nos, praefatum comitem, et dictos conjuges super premissa talis compositio et ordinatio amicabilis intervenit... Et nos dictus comes... damus et concedimus decem libras renduales curr. monete in pedagio nostro quod nos percipimus et levamus et percipere et levare debemus in dicto castro et castellania de Montepavonis... Item exstitit ordinatum inter nos dictum comitem et predictos conjuges quod predicti conjuges in terra sua et hominibus suis, quos habent vel habituri sunt in futurum, in honorio dicti castri, extra clausuram et de cos dicti castri et de Montanhac et de Benavent, habeant merum et mixtum imperium et jurisdictionem omnimodam... Datum II idus Januarii anno Dni MCC octuagesimo nono » (Bibl. Nat. *Coll. Périg.*, t. LIII, p. 394 d'après l'orig. en parch. scellé aux arch. de la maison Talleyrand). — Voy. autres actes du même comte, concernant la châtellenie de Montpaon, de 1281 et 1282, *ibid.* p. 355 et 362.

fort inexacts sur l'époque qui l'intéressait. Il a appris qu'au temps de Bertran de Born une dame de Turenne apporta dans la maison des comtes de Périgord la châtellenie dans laquelle se trouvait la ville importante de Montagnac. Ignorant le nom de cette dame, il l'appela Maeut, probablement parce que la femme de Raimon Ier avait porté ce nom au début du XIIe siècle, et qu'un souvenir de ce nom traditionnel pouvait parvenir à sa connaissance. Puis, ne possédant pas d'informations précises sur la maison des comtes de Périgord, il en fit la femme d'un frère du comte de Périgord, peut-être parce qu'on se rappelait à Montagnac que cette ville appartenait encore au début du XIIIe siècle à un apanage qui ne fut réuni au domaine comtal qu'après la mort d'Archambaut de Ribérac en 1211.

Les biographes modernes n'ont fait qu'ajouter des erreurs nouvelles à celles de leur devancier du XIIIe siècle, en identifiant arbitrairement son Montagnac avec Montignac, ce qui coupa les faibles attaches des souvenirs locaux, qui contenaient une partie de la vérité historique.

Notre conclusion est que Maeut de Montagnac, femme d'un frère du comte de Périgord, n'est qu'un fantôme créé de reflets lointains qu'a laissés la mémoire de la réelle Raimonda de la famille de Turenne, femme du comte Helias Talairan lui-même, auquel elle apporta en dot, entre autres, le castel important de Montagnac.

LAS TRES DE TORENA

Entrée par son mariage dans la maison des comtes de Périgord, Maeut de Montagnac y venait de la maison de Turenne.

La biographie provençale dit en effet :

> Maeuz de Montanhac... era filha del vescomte de Torena e sor de madomna Maria de Ventadorn e de n'Elis de Monfort.

Cette information paraît s'accorder avec une mention de « las tres de Torena » dans une chanson de Bertran de Born.

Dans leurs opinions sur les trois sœurs de Turenne tous les critiques sont d'accord pour prendre comme point de départ l'ancienne biographie et pour accepter, par conséquent, les trois noms de Maeut, de Maria et de Hélis, qui y sont indiqués. Ils se séparent cependant quand il s'agit de nommer leur père, éprouvant quelque embarras à trouver la place des trois sœurs dans la généalogie des vicomtes de Turenne. Étaient-elles filles de Boson II qui mourut en 1143 ou bien de son fils Raimon II, qui naquit en 1143? M. Stimming (1re éd., p. 14 et 3e éd., p. 13) ainsi que Chabaneau (p. 18, n. 1), partant de cette donnée qu'une d'elles, Maeut, qui était mariée en 1167, ne pouvait pas être fille de Raimon II né en 1143, la regardent comme fille de Boson II vicomte vers 1122-1143 et, avec elle, naturellement ses deux sœurs Maria et Hélis : ce système comporte, outre certaines difficultés chronologiques (les filles de Boson, mort en 1143, ne sauraient être de la première jeunesse au temps de Bertran de Born, après 1180), surtout celle de donner à ce vicomte trois filles dont aucune n'est attestée dans les sources historiques. D'autre part R. Meyer, dans son étude sur Gaucelm Faidit de 1876 (p. 23), et d'accord avec lui M. Bergert dans son volume récent sur les dames des troubadours (p. 14), ne croyant pas qu'une autre des trois sœurs, Maria de Ventadorn, qui est attestée vers 1220, puisse être fille de Boson II, mort en 1143, donnent ces trois filles plutôt à Raimon II : il est cependant difficile à comprendre, comment, dans ce système, Maeut, fille de Raimon, né en 1143, pouvait être, en 1167, femme du comte de Périgord, ce que M. Bergert accepte pourtant lui aussi. Ces difficultés montrent suffisamment qu'il y a là quelque erreur.

Et alors il semble naturel de se demander s'il est juste de prendre comme point de départ les assertions de l'ancienne biographie comme si elles devaient être toutes nécessairement exactes.

Une autorité réelle doit être attribuée non pas à l'ancienne biographie mais bien aux paroles de Bertran de Born qui était un contemporain. S'il fait une allusion aux « trois de Turenne » c'est qu'elles existaient bien et que tout le monde savait à qui il pensait. Voici ce qu'il dit dans la chanson « Chazutz sui de mal en pena » composée en hiver 1182-83 en l'honneur de Maeut, fille d'Henri, roi d'Angleterre et femme d'Henri le Lion, duc de Saxe :

De tota beutat terrena
au pretz las tres de Torena
fis, verais,
mas ilh n'a sobre lor mais
tan quan fis aurs sobr' arena.

La princesse Maeut, née au mois de juin de 1156, étant en Normandie en hiver 1182-83 et y recevant les hommages poétiques de Bertran de Born, avait vingt-six ans. C'est dire que l'allusion du troubadour ne pouvait pas se rapporter à trois dames quelconques de Turenne. Elles devaient être à peu près aussi jeunes que la princesse à laquelle le troubadour les comparait.

Tenant donc pour sûr qu'il y avait en 1182/83 trois jeunes dames de Turenne, nous tâcherons de les trouver et d'attester leur existence par des témoignages historiques.

La généalogie des vicomtes de Turenne est inséparable de celle des trois autres maisons vicomtales du Limousin, celles de Ventadorn, de Comborn, et de Limoges, non seulement parce qu'elles sortaient toutes de la même souche, mais encore parce qu'elles se liaient l'une à l'autre par des mariages, ce qui rend indispensable l'exacte connaissance de toutes ces familles, surtout quand les recherches portent sur des femmes. Les généalogies sur lesquelles on s'appuyait jusqu'à présent (on les prenait d'ordinaire à l'« Art de vérifier les dates » des bénédictins) étaient fort insuffisantes et laissaient un champ assez vaste à des hypothèses arbitraires. Pour serrer la question de près, nous tâchons d'établir dans l'appendice II une généalogie des quatre maisons apparentées d'après les documents authentiques[1].

D'après nos généalogies, il faut tout d'abord écarter l'idée de voir dans les trois sœurs de Turenne des filles de Boson II qui mourut au mois de juin 1143. Son fils unique, Raimon, était un enfant posthume et on ne lui connaît aucun autre enfant, aucune fille. Même en admettant, contre toute vraisemblance, l'existence de ces trois filles inattestées, on se heurterait à une nouvelle difficulté du côté de la généalogie des vicomtes de Ventadorn, car ce ne serait guère qu'Èble III, marié vers 1150, ou Èble IV, marié vers 1170, qui pût être considéré comme mari de Maria, une des trois sœurs nées avant 1143 dont le mariage ne saurait être placé plus tard :

1. Pour toutes les dates et tous les documents cités dans la suite de ce chapitre sans autre indication il faut se rapporter à cette généalogie.

nous connaissons avec toute précision les femmes de ces deux vicomtes, nous savons qu'ils n'en pouvaient pas avoir d'autres qu'ils auraient épousées après la mort de celles que nous connaissons, car celles-ci restèrent veuves, en un mot il n'y a pas de place pour Maria de Turenne, fille présumée de Boson, auprès d'un vicomte de Ventadorn. Enfin il faut ajouter que chacune des trois filles de Boson, admises par les critiques, aurait en 1182-3, au moment où Bertran parle des trois belles de Turenne, au moins quarante ans ou approcherait de la cinquantaine, et par conséquent elles seraient presque deux fois aussi âgées que la princesse avec laquelle le poète les met dans le même rang pour comparer leur beauté.

Il est certain que « les trois de Turenne », célébrées en 1182-3, étaient filles de Raimon II, fils de Boson II. Raimon naquit quatre mois après la mort de son père qui fut tué en combat au mois de juillet 1143. A l'âge de seize ans, en 1160, il apparaît pour la première fois dans un document. Son mariage avec Hélis de Castelnau, fille de Bernard, eut lieu bientôt après, vers 1164 au plus tard, car leur fils aîné apparaît dans un acte dès 1178. Raimon II, après avoir accru sa seigneurie d'acquisitions considérables, se croisa en 1190, comme un siècle auparavant son aïeul Raimon I, et mourut en Terre Sainte. Outre trois fils qui lui succédèrent tous, l'un après l'autre, à la vicomté, Boson III (1191-av. 1200), Raimon III (1200-ap. 1235), et Raimon IV de Servières (ap. 1235), il eut trois filles qui sont toutes les trois bien attestées par des documents contemporains.

I

CONTORS DE TURENNE, FEMME DE HELIAS DE COMBORN

Geoffroi de Vigeois dit dans sa généalogie des vicomtes de Comborn :

Hic (Archambaldus V) de Jordana filia Bosonis Petragoricensis comitis genuit Heliam, Archambaldum et Petrum Assaillit clericum. Helias accepit filiam Raymundi vicecomitis de Torena quae (non : qui) cognominatur Contors.

Ce passage est le dernier de la généalogie des vicomtes de Comborn, car il se rapporte à l'époque même où Geoffroi écrivait sa chronique. Son témoignage a donc, dans ce cas, une valeur incontestable. Nous n'avons pas là un passage ajouté à la fin par un continuateur qui n'aurait pas manqué de parler surtout du second fils Archambaut et de son mariage, parce que c'était lui qui devint vicomte. Geoffroi n'en parle pas, car, au moment où il écrivait, seul l'aîné était marié et on ne pouvait pas prévoir que le cadet deviendrait vicomte. L'authenticité de ce passage est donc sûre, ce qu'il faut constater, puisque dans d'autres généalogies de la même chronique il y a des additions de continuateurs. Aussi les informations que Geoffroi nous donne sur la femme et les enfants d'Archambaut (on les retrouve dans la généalogie des vicomtes de Limoges où sont nommées en outre ses filles) se laissent-elles vérifier par des documents et se démontrent exactes.

Helias, auquel Geoffroi donne la première place dans ses deux listes des enfants d'Archambaut V, fut en réalité l'aîné. Dès 1176 il apparaît avec son père dans un document; en 1178 il assiste avec lui à un duel judiciaire ordonné par Raimon II de Turenne; dans un acte de 1179 il donne son adhésion à une donation faite par ses parents, Archambaut et Jordana, avec leur autre fils Archambaut, et il y est appelé vicomte; en 1184 il se porte, avec son père, garant d'une donation. Son père, attesté avec sa femme encore au mois de mai 1184, ne vivait plus en 1187. Mais ce n'est pas Helias, l'aîné, qui lui succéda. Dans un acte de 1187 les deux autres fils, Archambaut et Assaillit, sont seuls à faire une donation pour le repos de l'âme de leur père et c'est Archambaut qui y est appelé vicomte, comme dans beaucoup d'actes à partir de cette date. C'est une preuve que Helias mourut avant son père, entre 1184 et 1187. Les deux premiers frères sont nommés par Bertran de Born dans « Folheta ges » str. III.

Comme pour tous les autres détails, la notice de Geoffroi de Vigeois est certainement exacte pour ce qui concerne le mariage de Helias avec Contors de Turenne. Le passage en question était mal lu par les copistes et éditeurs (« qui » au lieu de « quae ») et mal compris par M. Robert Meyer dans son étude citée sur Gaucelm Faidit (p. 23) à laquelle d'autres critiques s'en rapportent souvent. Il croyait qu'il s'agissait d'un surnom « Comtor » que le vicomte Raimon aurait porté. En réalité c'était le nom de sa fille, traditionnel dans la famille de Turenne : il fut porté par la première femme de Boson Ier, Contors de Terasson. Le mariage de Helias avec Contors doit avoir eu lieu au plus tard vers 1184, date à laquelle Geoffroi cessa d'écrire son ouvrage.

II

MARIA DE TURENNE
FEMME D'EBLE V DE VENTADORN

On lit à la fin de la généalogie des vicomtes de Ventadorn qui se trouve dans la chronique de Geoffroi de Vigeois :

> Cui (Ebolo filio Eboli et Sybillae) Ademarus vicecomes Lemovicensis filiam suam Mariam desponsavit sed sine haerede obiit. Post idem Ebolus de Maria sorore Raymundi de Torenna genuit Raymundum et Ebolum.

Nous avons des preuves tout à fait certaines que les généalogies de Geoffroi étaient complétées après lui par des continuateurs qui ont ajouté des informations, d'ordinaire exactes, qu'il ne pouvait plus avoir lui-même, achevant sa chronique vers 1184. On trouve, par exemple, à la fin de sa généalogie des vicomtes de Limoges un passage qui la prolonge jusqu'à la fin du XIIIe siècle. De même, il est facile de voir que la dernière phrase de la généalogie des vicomtes de Ventadorn ne peut pas avoir été rédigée par Geoffroi ; elle a été écrite après 1200, date à laquelle Raimon III, frère de Maria, devint vicomte ; cela explique pourquoi Maria y est nommée sœur de Raimon III et non pas fille de Raimon II, comme aurait dit Geoffroi. La certitude que nous avons au sujet de la dernière phrase de cette généalogie fait naître un doute légitime au sujet de l'avant-dernière, où il est question du premier mariage d'Èble avec Maria de Limoges. Il paraît bien que le texte authentique de Geoffroi s'arrêtait sur l'information qu'Èble IV et Sybilla avaient un fils nommé Èble. Nous ne serons donc pas surpris si d'autres témoignages nous amènent à fixer les dates des mariages d'Èble V après 1184.

Pour savoir à quelle date Èble V de Ventadorn pouvait se marier il suffit de préciser quelques dates de la vie de son père Èble IV et de son grand-père Èble III. M. R. Meyer l'a fait, dans le travail cité, suivant le seul texte de Geoffroi de Vigeois. On peut corroborer celui-ci du témoignage de quelques documents qui ne laisseront plus de doute.

D'après Geoffroi, Èble III épousa en premières noces Margarita de Turenne, fille de Raimon Ier (1091-ap. 1122) et veuve d'Aimar IV, vicomte de Limoges. Le mariage de Margarita avec Aimar est en réalité attesté par un acte de décembre 1143, et, puisqu'Aimar mourut en 1148, sa veuve ne peut pas avoir épousé Èble avant 1148-9. Deux ans après, Èble se sépara de Margarita, n'ayant d'elle qu'une fille, Matabruna, et Margarita épousa en troisièmes noces le comte d'Angoulême, ce qui trouve une confirmation dans les documents. Èble, de son côté, prit pour seconde femme Alaïs de Montpellier ce qui, d'après le texte de Geoffroi, se placerait vers 1150-51 au plus tôt. Or, les données de la chronique sont confirmées par un acte important, le testament de Guillem VI de Montpellier, père d'Alaïs, fait le 11 décembre 1146, où il est dit qu'Alaïs n'était pas encore nubile à cette date : « Filias meas Adalaiz et Ermesendam, cum venerint ad tempus conjugii, maritet eas dominus Montispessulani... ». Cela s'accorde bien avec le texte de Geoffroi, d'après lequel elle fut mariée à Èble III quatre ans plus tard. Èble III mourut en 1169 à Monte-Cassino revenant de Jérusalem. A cette date son fils aîné Èble IV ne pouvait avoir plus de dix-huit ans. Son mariage doit donc être placé aux environs de l'an 1170 au plus tôt. En 1174 nous le trouvons avec sa femme Sybilla et sa mère Alaïs. C'était le fils d'Eble IV qui, né vers 1170, épousa à un âge convenable d'abord Maria de Limoges et, après la mort de celle-ci, Maria de Turenne. Il est évident que le premier mariage ne peut pas avoir été de beaucoup antérieur à 1190 et que le second se place vers 1190 au plus tôt[1].

1. Pour ce qui concerne le premier mariage d'Èble, avec Maria de Limoges, il en est fait mention encore dans la généalogie

Maria de Turenne apparaît à côté de son mari dans deux actes de l'année 1221, vers la fin de leur vie commune : le premier est une charte en faveur de la Chartreuse de Glandiers nouvellement fondée ; le second, passé en présence de Maria et de ses fils Raimon (auquel on donna le nom porté dans la maison de sa mère) et Èble, ainsi que de Raimon III de Turenne et de Raimon de Servières, les deux frères de Maria qui vivaient encore à cette époque, nous apprend qu'après la Pentecôte de 1221 Èble V se fit moine à Grandmont. L'opinion que l'on trouve dans tous les ouvrages et d'après laquelle Maria serait morte en 1219 est erronée. Elle repose sur une confusion : le chroniqueur Bernard Itier (p. 110 de l'éd. Dupleix-Agier) place en 1219 la mort d'une Maria de Ventadorn, mais il dit expressément qu'elle était femme de Peire d'Espana. Il s'agit donc d'une sœur d'Èble V et non pas de sa femme, Maria de Turenne, qui est attestée encore en 1221.

des vicomtes de Limoges, dans l'avant-dernier passage, qui est sans doute une addition postérieure. Il faut observer qu'Aimar V, mineur à la date de la mort de son père, en 1148 et encore quelques années plus tard, naquit par conséquent, vers 1140 et se maria vers 1160. Ses enfants sont venus au monde entre 1160 et 1180. Nous savons, en effet, par un acte de 1172, que son fils aîné n'était pas encore marié à cette date et que son troisième fils, Guillem, était surnommé Pèlerin, parce qu'il naquit le jour où son père entreprit le voyage de Jérusalem, c'est-à-dire en 1179. Sa fille Maria est nommée dans la généalogie en dernière place. Il est donc compréhensible qu'elle peut avoir été nubile seulement peu de temps avant 1190.

III

HELIS DE TURENNE
FEMME DE BERNARD DE CASNAC
SEIGNEUR DE MONTFORT

La troisième fille de Raimon II de Turenne apparaît en 1214, mêlée à des événements bien connus depuis longtemps.

Pierre des Vaux-de-Cernay, le chroniqueur officiel de Simon de Montfort chef de la croisade contre les Albigeois, raconte au chapitre 80 de son histoire que, au courant de l'année 1214, Simon détacha une partie de ses troupes et la mit sous le commandement de l'évêque de Carcassonne pour aller détruire le château de Montfort dans le Périgord. Ce château appartenait à Bernard de Casnac, marié avec Hélis, sœur du vicomte de Turenne, Raimon III, qui occupait la vicomté à cette époque. Pierre des Vaux-de-Cernay représente Bernard et Hélis comme de véritables monstres coupables de cruautés inouïes : on sait qu'il exagère souvent[1].

1. Pierre des Vaux-de-Cernay chap. 80 : « Dominus vero castri [quod dicebatur Monsfortis] nomine Bernardus de Causacio (lis. Casnacio), homo crudelissimus et omnium pessimus, timore ductus, fugerat a facie comitis nostri, castro suo vacuo derelicto. Tot enim et tantae erant crudelitates, rapinae, enormitates illius nequissimi et sceleratissimi, quod vix possent credi aut etiam cogitari. Et cum talis esset, procuraverat ei diabolus adjutorium simile sibi, uxorem videlicet quae erat soror vice-

Une confirmation de l'expédition contre Bernard de Casnac se trouve dans une charte de Raimon III, vicomte de Turenne, de la même année 1214. Elle est postérieure à la destruction du château de Montfort. Nous en apprenons, en effet, que les biens de Bernard et d'Hélis ont été confisqués par Simon, mais le vicomte Raimon obtint de celui-ci de les lui avoir confiés, en s'engageant de son côté à rendre les deux époux fidèles à Simon ou bien, au cas contraire, d'achever la défaite de Bernard de Casnac, en détruisant surtout le château d'Aillac, car il n'est plus question de celui de Montfort. L'intervention de Raimon III de Turenne s'explique naturellement par ce fait qu'il était frère d'Hélis, comme le dit Pierre des Vaux-de-Cernay[1].

comitis Torenae. Haec altera Jezabel, immo longe peior et crudelior quam Jezabel, omnium malarum erat pessima feminarum et viro in crudelitate non impar et malitia. Ambo igitur, cum essent nequissimi, spoliabant immo destruebant ecclesias, peregrinos invadebant, viduis et pauperibus faciebant calumnias, membris innoxios detruncabant, ita quod in unico monasterio monachorum nigrorum quod Sarlatium dicitur, inventi sunt a nostris centum quinquaginta inter viros et mulieres, qui manibus vel pedibus amputatis, erutis oculis, sive caeteris membris caesis, a praedicto tyranno et uxore ejus fuerant mutilati. Ipsa enim uxor tyranni, totius pietatis oblita, pauperibus mulieribus vel mammillas faciebat extrahi, vel pollices abscindi, ut sic ad laborandum inutiles redderentur. O crudelitas inaudita! Sed his omissis, cum nec millesimam malitiarum dicti tyranni et uxoris ejus partem possemus exprimere, ad propositum redeamus (Bouquet, *Rec. Hist. Fr.* XIX, 98).

1. On lit dans la charte de Raimon, vicomte de Turenne : «... B. de Casnac et Heliz uxor ejus... nos cum quasi inimicum nostrum de omni potestate nostra ejaciemus, et eum bona fide expugnabimus, et castrum d'Allac et omnia quae quondam fuerunt praedictorum B. et He. pro voluntate Domini Comitis

Casnac (aujourd'hui commune de Beynac-et-Cazenac), dont le mari d'Hélis a tiré son nom, ainsi que les deux châteaux dont il est dit seigneur, Montfort (aujourd'hui commune de Vitrac) et Allac (aujourd'hui écrit et prononcé Aillac commune de Carlux) sont situés tous les trois sur la Dordogne dans l'arrondissement de Sarlat, à peu de distance l'un de l'autre. Des membres de la famille de Casnac apparaissent dans quelques documents. Un Ébrard de Casnac fit sa fille Hélis religieuse à l'abbaye du Bugue au temps de l'abbesse Vierna, vers 1170-80. En 1184, Vidal de Casnac autorise une donation faite à l'abbaye d'Obazine par la famille de Gaulejac (aujourd'hui Groslejac tout près des localités mentionnées). Bernard de Casnac, probablement le même qui était ennemi de Simon de Montfort en 1214, apparaît en 1218 dans un acte de Raimon, comte de Toulouse, principal adversaire de Simon. Dans un acte de 1234, Pons de Gourdon déclare à plusieurs chevaliers, parmi lesquels se trouve un B. de Casnac, avoir vendu le château de Belcastel à l'église de Sainte-Marie de Rocamadour. Il est possible que la confiscation des biens de Bernard en 1214 fut définitive et qu'ils passèrent en réalité sous le pouvoir de Raimon III, vicomte de Turenne, son beau-frère, car on voit, en 1255, la fille unique de Raimon III, Hélis, femme de Helias Rudel de Bergerac,

modis omnibus destruemus... Datum apud Domam, anno inc. ver. MCCXIIII » Baluze, *Hist. Tutell. libri tres*, Paris, 1717 col. 545-6).

donner à l'abbaye d'Obazine les herbages de Montfort et d'Allac[1].

Le récit de Pierre des Vaux-de-Cernay et la charte de Raimon III de 1214 attestent suffisamment l'existence d'Hélis de Turenne, fille de Raimon II, et nous renseignent sur son mariage avec Bernard de Casnac, seigneur de Montfort.

On trouve cependant dans l'ancienne biographie provençale de Raimon Jordan de Saint-Antonin l'information que voici :

> ... madona Elis de Monfort qu'era moiller d'En Guillem de Gordon, filla del vescomte de Torena on era jovens e bontatz e cortezia e valors...

On a toujours été d'accord pour combiner les informations historiques sur Hélis de Monfort, femme de Bernard de Casnac, avec ce passage des anciennes biographies, et c'est ainsi qu'Hélis de Montfort apparaît dans tous les ouvrages comme

1. Voir toutes les localités citées dans le *Dict. topogr. du dép. de la Dord.* par le vicomte de Gourgues, Paris, 1873 ; — le document de 1170-80 : « Ebrarz de Casnac fez monga Na Helis sa filha al Bugua e det a las domnas la correia de la terra qui es sobrel port de Limoil... per lo cosseil Na Vierna abadessa et He. de Maroil arcidiaque » (Bibl. Nat. *Coll. Périg.* t. XXXIII, fol. 269); — 1181 : « Raimundus de Gauleiac et Willelmus de Gaulaiac... Hoc fecerunt Vitalis de Casnac et Rainaldus de Gauleiac avunculus eorum... » (*Cart. d'Obazine* ms. lat. nouv. acq. 1560, fol. 182 et cf. chanoine Albe, *Titres et documents sur le Limousin et le Quercy*, Brive, 1911, p. 123 d'après le *Cart. d'Obazine*, p. 110 ; — 1218 : «... testes... Dominus Bernardus de Casnaco » (*Hist. gén. Languedoc*, VIII, 711); — 1234 : « B. de Casnac » (Champeval, *Cart. de Tulle et de Rocamadour*, Brive, 1906, n° 377); — 1255 : voir Albe *o. c.* p. 33.

femme de Guillem de Gourdon en premières noces et de Bernard de Casnac en secondes.

Cette combinaison est-elle justifiée? On voit qu'elle est faite de deux éléments hétérogènes : l'un est tiré de sources purement historiques, l'autre des anciennes biographies. La chronologie permet-elle de les rapporter tous les deux à la même personne? Pour répondre à ces questions, il faut recueillir quelques renseignements sur la famille de Gourdon, famille qui comptait diverses branches déjà au XIIe siècle, et dont la généalogie, malgré son importance, n'a pas encore été établie[1].

Voici au moins quelques informations, tirées des documents, qui permettent de voir les grandes lignes de cette généalogie à l'époque qui nous intéresse et d'y préciser quelques points.

En 1115, parmi les donateurs qui contribuèrent à la fondation du monastère de Cadoin, figurent Alpais, fille de Pons de Gourdon, et Guillem de Gourdon; en 1119, Guillem de Gourdon fait un don à l'abbaye de Tulle; au mois de mai de 1119,

1. Combarieu et Cangardet *Gourdon et ses srs.* publ. dans le *Bull. du Lot*, t. VI, p. 141 sq., essai, dans lequel on ne trouve rien d'exact pour le XIIe siècle; de même deux généalogies mss. qui se trouvent à la Bibliothèque Nationale : *Cabinet d'Hozier*, t. CLXIX, p. 299 et *Coll. Périg.*, t. CXLIV, p. 24 sq. sont très pauvres et très inexactes; les documents sur cette famille qui se trouvent dans le *Cartulaire d'Obazine* (Bibl. Nat. nouv acq. lat. 1560) sont signalés par M. L. Guibert (*Notice sur le cart. d'Obazine* dans le *Bull. soc. litt. scien. arts Corrèze*, XII, 61) ainsi que par le chanoine Albe (*Les possessions de l'abb. d'Obazine* faisant partie des *Titres et documents sur le Lim. et le Quer.* Brive, 1911, p. 84 sq.).

Guillem de Gourdon, mari de Raimonda de Gaulejac, et Aimeri de Gourdon, sont les principaux fondateurs de l'église du Mont-Saint-Jean près Gourdon[1].

Aimeri de Gourdon, peut-être le même qui figurait dans l'acte de 1119 et qui pourrait être fils de Pons mentionné en 1115, épousa Magna, fille de Raimon, vicomte de Turenne (1091-après 1122) comme le prouve un acte passé le 21 décembre 1143, jour des funérailles de Boson II, fils de Raimon I et frère de Magna. Aimeri apparaît dans le cartulaire d'Obazine en 1148, 1152, 1160 et dans quelques actes sans date. Sa femme Magna est nommée avec lui en 1152, seule en 1159, elle est mentionnée par un de ses fils en 1167, elle figure en 1172. Aimeri et Magna avaient deux fils : Pons qui est attesté en 1152 avec son père, fait une donation en 1165 et est mentionné par son frère Aimeri en 1167 ; l'autre, Aimeri, est attesté entre 1167 et 1179[2].

1. 1115 : « Alpaidis filia Poncii de Gordone... Guillelmus de Gordone » (d'Achery *Spicilegium*, t. III, p. 474) ; — 1119 : « Willelmus de Gordo dedit » (Champeval, *Cart. de Tulle*, p. 282) ; — mai 1119 : « ego Willelmus et ego Aymericus de Castro Gordone » (A. Bruel, *Cart. de l'abb. de Cluny*, t. V, nº 3937, p. 290).

2. Le 21 déc. 1143 : « Hoc autem donum fecerunt pro anima Bosonis vicecomitis de Torena... Ademarus vicecomes Lemovicensis et Aimericus de Gordo, mariti duarum sororum Bosonis, Mangnae et Margaritae... » (*Cart. Tulle*, éd. Champeval, nº 490, p. 261) : — 1148 : « Aimiricus de Gordu et Boso et Ebolus vicecomites de Brassac et... dederunt Obazinensi monasterio mansum de Malacosta et mansum del Penditz... Hoc donum factum est in manu Stephani primi abbatis Obazinensis. Anno incarnationis MCXLVIII regnante Lodoico rege et episcopante Giraldo » (*Cart. Obazine*, ms. cité, fol. 151ª) ; — 1152 (un don de Guil. et Gir. de Borma) : « dederunt fidejussores ad utilitatem Obazinensis ecclesiae Bertrannum de Gurdu et Aimiricum de

En 1152, avec Aimeri le père, figure Bertrand de Gourdon, qui est nommé en premier lieu et qui apparaît ensuite avec son fils Géraut en 1169[1].

Enfin encore un membre important de cette famille, dans la seconde moitié du XIIe siècle, c'est Guillem de Gourdon, descendant probablement de Guillem attesté 1115-1119. Son nom se trouve, dit-on, dans un acte de l'évêché de Cahors de 1152 ; il est nommé en 1161 dans le cartulaire d'Obazine ; vers 1185, il

Gurdu et Pontium de Gurdu et Magnam uxorem ipsius Aimirici de Gurdu... Anno MCLII, VII id. novembris luna VI regnante Lo. et episcopante Giraldo» (*Cart. Obaz.*, fol. 265) ; — s. d. : « Aimiricus de Gurdu et Pontius filius ejus, consilio et voluntate uxoris ipsius Aimirici nomine Magna dederunt Obazinensi monasterio in elemosina totum et ab integro quod habebant in Alic » (*Cart. Obaz.*, fol. 24[b] et 220[a]) ; — s. d. : « Aimiricus de Gurdu et Magna uxor ejus et Pontius filius eorum dederunt » (*Cart. Obaz.* fol. 223[b]). — 1159 : « Magna uxor Aimirici de Gurdo dedit » (*Cart. Obaz.*, p. 50) ; — 1160 : « Stephanus abbas Obazinensis dedit Giraldo Ugoni (de la Vaisera) per illa mille centum triginta solidos de caturcensibus... Aimirico de Gordu et Pontio filio ejus octoginta... anno ab incarnatione Domini MCLX Rege Lodoico et Epo Geraldo » (*Cart. Obaz.*, fol. 151[b]) ; — 1165 : « Pontius de Gordo dedit... omne quod sui iuris fuerat in Cramazo lo Vell... anno ab in. Dni MCLXV » (*Cart. Obaz.*, f. 51[b] et 227) ; — 1167 : « Aimiricus de Gordo filius Aimirici et frater Poncii concessit Obazinensi monasterio in manu Rotberti abbatis in capitulo quicquid pater suus Aimiricus vel mater sua Magna vel frater suus Pontius eidem monasterio dederant. Hoc autem factum est... IX januarii anno ab inc. Dni MCLXVII Rege Lodoico et epo Geraldo » (*Cart. Obaz.*, fol. 73[a] et 268[b]) ; — 1172 : Magna, femme d'Aimeri est nommée à cette année d'après Guibert, *o. c.*, p. 61 et en 1180 d'après Albe, *o. c.*, p. 62 (je n'ai pas copié l'acte ou les actes en question) ; — 1173 : « Aimiricus de Gurdu fecit fiduciam » (*Cart. Obaz.* fol. 108[b] et 256) ; — 1174 : « Aimiricus de Gordo filius Aimirici » (*Cart. Obaz.*, fol. 256) ; — 1179 : « testes... A. de Gordo » (*Cart. Obaz.*, p. 82).

1. Pour l'an 1152 voir la note qui précède ; — 1169 : « audientibus... Bertrauno de Gordo et Geraldo filio ejus » (*Cart. Obaz.*, fol., 75[a] et 158[a]).

assiste à un acte de Richard, duc d'Aquitaine, en faveur de l'abbaye de Cadoin, passé à Gourdon; il est présent en 1189 à la confirmation, par Richard, des privilèges de la Sauve-Majeure; enfin il est du nombre des barons qui s'engagèrent à faire respecter le testament de Roger, vicomte de Béziers, en 1193. Bertran de Born le mentionne dans les sirventès 80, 44, composé vers 1182, en le louant de ne pas avoir voulu se lier avec deux vicomtes qui prirent partie pour le frère du troubadour et contre lui-même[1].

Outre ces témoignages sur Guillem de Gourdon, il en existe encore un, très précieux, qui nous le

1. Pour 1152 voir Lacoste, *Hist. gén. de la prov. de Quercy*, publ. en 1882-5, t. II, 62, cité d'après le *Cartul. Cadurc.*; — avril 1161 : « Girbertus de Teminas dedit... audientibus... Willelmo de Gurdo... » (*Cart. Obaz.*, f. 30[b], l'importante famille de Thémines était apparentée à celle de Gourdon, cf. Albe *o. c.* 164); — vers, 1185 : « Ricardus domini Henrici illustris regis Angliae filius, Dei gratiae Dux Aquitaniae, comes pictavensis... audientibus... Guillelmo de Gordo ...actum publice apud Gordonium » (Bibl. Nat. *Coll. Périg.*, t. XXXVII, p. 30 et 51, deux copies dont une porte « Pontio » au lieu de « Guillelmo »); — 1189 : « Richardus Angliae rex et dux Aquitaniae, anno 1189, celebrem apud Regulam conventum agens, omnia Silvemajoris bona privilegiaque rata voluit. Confectis inde litteris amplissimis subscribunt Geraudus archiepiscopus Auxitanus[1173-92], Ademarus Petragoricencis episcopus [ap. 1182-97], Bertrandus Agennensis episcopus Stephanus Casae Dei in Arvernia abbas, Arnaldus Clariacensis abbas, Helias de Cella senescallus Vasconiae, Henricus filius ducis Saxoniae, Bernardus comes de Armanaco... Gaufridus de Ponte et Rainaldus frater ejus... Guillelmus de Gordonio... « (Bibl. Nat. ms. lat., 11 819 de Dom Michel Germain *Documenta Monastica*, fol. 318[b]-319[a], notice d'une charte de la Sauve Majeure); — 1193 (testament de Roger vic. de Béziers) : «... Hi omnes juraverunt quia facient tenere hoc testamentum et aliud secundum posse suum... Guillelmus de Gordone... » (Baluze, *Hist gén. de la mais. d'Auvergne*, t. II, Preuves p. 500-1).

présente avec sa femme. Il se trouve dans le cartulaire de l'abbaye du Bugue (Dordogne, arr. Sarlat) composé en langue vulgaire dans la première moitié du XIIIe siècle, d'après les chartes du monastère. On y lit[1] :

Guilhems de Gordo ars la vila d'Albuga e·l mostier e totz los ornamens e los libres e·us seins e·us vestimens e ins el mostier plus de .C. que homes que femnas. E emendet s'en per comandamen de l'apostoli Alexander [1159-1181] e per la justicia al rei Henric d'Anglaterra [1152-1169-1189], e donet ne VIII sols de ces a las paratjas entre Monfort e Sarlat. Aquest do fes a Sarlat e la claustra. E fo i l'arcibesques de Bordel Bertrans [4 juill. 1162-1173], e l'ebesque de Peregurs Jouan [1160-1169], e l'ebesques d'Engolcima P. [1159-1182], e Helias coms de Peregorc [1158/66-1204] e N'Audebert e N Bos si frair, e l'abas de Sarlat Garis [après 1159] et alii multi. Aquest meeih do fetz Na Lucja, sa molher, per cosseil d'aquels, a Monfort, auvent G. Jaufre arcipreveire d'Albuces e doas morgas del mostier Na Peronela de Campanha e Na Vierna de Cludoih e N'Esteve celarier et Hel. Lemozi so capela e ar. de Fenolor e ar. de Faurgas et aliis multis. E redet ne manens ons los tenedors. Per aiso eren escumengat il e lor terra de l'apostoli e de·us ebesques supradictis. E cel qui aquest do volria forfar, comanderen e dischen que fos eness'has cumenio.

Cette notice du cartulaire est donc un résumé en langue vulgaire de la charte par laquelle Guillem de Gourdon et sa femme, ayant été frappés d'ana-

1. Le texte entier a été copié d'après le cartulaire dans la *Coll. Périg.*, à la Bibl. Nat. t. XXXIII, p. 278 et t. LIII, p. 208; il a été publié avec omissions par Viton de Saint-Allais, *Précis hist. sur les comtes de Périg.* Paris 1836, p. 16-7 ainsi que par M. L. Dessalles, *Hist. du Bugue*, Périgueux, 1857, p. 21; les compositions avec l'article *e·ls et de·ls* sont écrites *eus et deus*.

thème pour avoir brûlé le village et le monastère du Bugue, en sont délivrés, ainsi que leurs terres, en établissant une rente annuelle en faveur de l'abbaye. Le document n'est pas daté. Mais, grâce aux mentions qui s'y trouvent de plusieurs personnages, on peut renfermer la date entre 1162 et 1169.

Une autre notice qui se rattache à celle-là est rapportée dans le même cartulaire parmi les redevances que le monastère recevait à la Noël (Coll. Pér., t. 33, p. 279).

Redditus Nahal'... de las paratjas de Sarlat VIII (sc. sols) que det W. de Gordo per la mala facha del Moster.

D'après une mention qui se trouve dans la généalogie des vicomtes de Limoges de Geoffroi de Vigeois (voy. l'app. II), Guillem de Gordon avait un fils auquel Aimar V, vicomte de Limoges donna sa fille Aquilia pour femme, probablement après 1184, car le passage en question est une addition au texte authentique de Geoffroi (cf. p. 43, note 1).

Après les représentants des trois branches de la famille de Gourdon attestés vers le milieu du XIIe siècle et plus tard : Aimeri, Bertrand et Guillem, le plus jeune de tous, on voit apparaître vers le dernier quart du XIIe siècle deux frères, Fortanier et Giraut de Gourdon, attestés ensemble en 1178 et 1181, le premier seul en 1195[1].

1. Voir l'acte de 1178 à l'appendice III; — 1181 : « fideiussores Gaubertus de Gauleiac praepositus, et Fortanarius de Gordo et Geraldus de Gordo » (*Cart. Obaz.*, p. 182[b]); — 1195, dans

Dans le document de 1178, ils sont dits frères utérins de Raimon II, vicomte de Turenne : « En Fortainers de Gordo e' N Giralz que ero fraire al vescomte davas lor maire ». On sait qu'Eustorgia, femme de Boson II de Turenne, devenue veuve en 1143, accoucha d'un enfant posthume qui était Raimon II. Au lieu de supposer qu'Eustorgia, avant d'être femme de Boson II, était mariée à un seigneur de Gourdon, comme le disent quelques auteurs de généalogies, il est naturel d'admettre le contraire. Mais qui était son second mari après 1143 et père de Fortanier et de Giraut attestés en 1178? Les généalogistes disent toujours que c'était Guillem, parce qu'ils ignorent l'existence d'autres barons de Gourdon à cette époque, ainsi que le fait que Guillem avait une femme, nommée Lucia. Puisque nous connaissons les femmes de Guillem et d'Aimeri, on serait porté à croire qu'Eustorgia épousa en secondes noces Bertrand de Gourdon, que nous avons vu dans l'acte de 1152 nommé le premier, avant Aimeri, et qui apparaît en 1169 avec son fils Giraut.

Au XIIIe siècle, on voit Bertrand de Gourdon qui rend hommage à Philippe Auguste en 1211, à Simon de Montfort pour le château de Gourdon et

le traité d'Issoudun entre Philippe Auguste et Richard : « De Fortunato de Gorduno sic erit » (*Rec. Hist. Fr.*, XVII, 43 sq. et *Lay. Trés. Chartes*, I, 183); — un « Giraldus de Gordono de Monteacuto » est attesté en 1174 et 1176-7 (*Coll. Périg.*, t. 144, p. 25 et *Lay. Trés. Chartes*, I, 109 et 112); un Giraut de Gourdon, moine d'Obazine apparaît dans plusieurs actes dès 1173 et il est abbé d'Obazine de 1188 à 1209.

autres terres en 1218, à Louis VIII en 1226, à Saint Louis en 1227, et qui est attesté dans d'autres actes de 1217, 1223, 1232, ainsi que Giraut nommé dans différents actes de 1217, 1219, 1220 : ils pourraient être fils de Fortanier et petits-fils de Bertran. — Un Pons de Gourdon est attesté en 1203 et en 1234, un Aimeri en 1230 et 1235 : d'après les noms qu'ils portent on voudrait les regarder comme descendants (petits-fils) d'Aimeri et de Magna. — Enfin un Guillem de Gourdon, peut-être fils de Guillem et de Lucia, celui qui a épousé une fille d'Aimar V de Limoges, fait une importante donation à l'abbaye d'Obazine en 1241 et la confirme en 1243[1].

N'étant plus dans une obscurité absolue au sujet de la famille de Gourdon, nous pouvons contrôler les informations de l'ancienne biographie provençale sur Hélis de Montfort, femme de Guillem de Gourdon, et l'opinion qui la fait ensuite femme de Bernard de Casnac.

La femme de Guillem de Gourdon, attestée avec lui vers 1165, s'appelait Lucia. Ce nom était plutôt rare. Néanmoins, il serait sans doute téméraire de l'attribuer, dans le cartulaire du Bugue, à une simple

1. Sur Bertran voir *Bibl. Ec. Chartes*, III, 446, *Bull. dép. Lot.*, VI, 141 sq., *Coll. Périg.*, t. CXLIV fol. 26 et 31-2; sur Giraut, voir *Bull. dép. Lot. l. c.* et *Coll. Périg.*, t. CXLIV, fol. 26; — sur Pons, voir Albe, *o. c.* 167 et *Coll. Périg.*, t. CLXIV, fol. 30 où est rapporté l'acte de 1203 ou 1208 (« Ego Pontius de Gordo frater Raterii de Castelnou... quicquid in manso d'Espenac juste vel iniuste requirere poteram, donavi Deo et beatae M. Rupisamatoris et dno Bertrando Tutellensi abbati ») et Champeval *Cart. Tulle*, 337 pour l'acte de 1234; sur Aimeri, voir Albe *o. c.* 137 et *Gal. Christ.* I. 135; sur Guillem voy. *Gal. Christ* I, 187 et Albe *o. c.* 19.

erreur (p. ex. « Nal. » abrégé et compris ensuite « Na Lucia » au lieu de « N'Alis »). L'anniversaire de la fondatrice de l'abbaye du Bugue était commémoré le jour de saint Lucques : les noms de Lucques et de Lucia pouvaient ne pas être tout à fait inconnus dans la région[1].

La femme de Guillem de Gourdon n'était pas fille d'un vicomte de Turenne, comme le dit l'ancien biographe. Vers le même temps Aimeri de Gourdon était marié avec Magna, fille de Raimon Ier de Turenne, et un autre seigneur de Gourdon, probablement Bertrand, avec Eustorgia, veuve de Boson II de Turenne. Mais ce n'était pas Guillem.

La donation de Guillem de Gourdon ayant été faite à Sarlat, l'approbation de sa femme y fut ajoutée à Montfort. On pourrait en conclure, avec vraisemblance, quoique sans certitude absolue, que ce castel leur appartenait ou bien qu'ils y étaient copropriétaires. Ceci paraît d'autant plus probable que la rente qu'ils donnèrent à l'abbaye du Bugue devait être perçue sur leurs terres situées entre Montfort et Sarlat. Puisque la famille de Gourdon comptait plusieurs branches, il est naturel de supposer que l'un ou l'autre de ses membres, tout en

1. On lit dans le cartulaire du Bugue : « Una candela, la vespra de sen Luc, d'u quarteiro... que deu proferre l'abadessa... lo jorn de sen Lhuc, per remembransa de l'aniversari de madomna N'Alau que bastic l'abadia d'Albugua et det lo loc (corr. Luc); e la candela deu ardre la nuh davan la dicha madomna N'Alau que era domna de Montignac » (Dessalles *Hist. du Bugue*, p. 11 et *Coll. Périg.*, t. XXXIII, p. 268).

ayant certains droits à Gourdon même, pouvait avoir d'autres possessions et même une autre résidence[1]. D'autre part, le château de Montfort, dans lequel Guillem de Gourdon et sa femme paraissent avoir eu des droits vers 1165, se trouvera en 1214 dans la possession de Bernard de Casnac et de sa femme, et il s'agit toujours, bien entendu, du même château situé dans le Périgord, près de Sarlat et d'Aillac. La famille de Casnac qui avait, comme nous l'avons vu, des droits à Aillac, pouvait en avoir de même à Montfort, à moins qu'elle ait acquis ce château par quelque transaction que nous ignorons.

Toujours est-il que l'ancien biographe, en disant que la dame de Montfort était femme de Guillem de Gourdon, se fait l'écho des souvenirs dans lesquels il y avait une parcelle de vérité. Il n'a pas fait d'anachronisme, en considérant la femme de Guillem de Gourdon comme contemporaine de Raimon Jordan de Saint-Antonin qui est attesté en 1178[2]. On pourrait

1. Le seigneur de Gourdon n'était pas en même temps seigneur de Montfort, d'après un passage de Bertran de Born, 80, 33 :

> Puois Ventadorns e Comborns ab Segur
> E Torena e Monfortz ab Gordo
> On fach acort ab Peiregorc e jur...

Il parle des barons qui ont pris parti pour Henri le jeune contre Richard et, à côté des quatre vicomtes du Limousin : de Ventadorn, de Comborn, de Limoges (car Ségur appartenait à cette vicomté), de Turenne, il nomme deux seigneurs : celui de Montfort et celui de Gourdon, deux châteaux dont le premier est situé dans le Périgord (Dordogne), le second dans le Quercy (Lot), à peu de distance l'un de l'autre.

2. C. Chabaneau, dans sa liste des troubadours (p. 171), place son activité, dubitativement, vers 1190-1200. Sans citer les actes assez nombreux de la seconde moitié du XIIe siècle qui

même se demander si, dans ses recherches sur les anciens temps, il n'aurait pas appris quelque chose au monastère même du Bugue, où, à côté d'une donation faite à Montfort par la femme de Guillem de Gourdon, on en possédait une autre léguée par un Raimon Jordan[1].

L'erreur du biographe était d'appeler la femme de Guillem de Gourdon fille du vicomte de Turenne, ce qui peut remonter, une fois de plus, à des souvenirs inexacts des autres alliances réelles entre les deux familles vers le même temps. D'autre part cette mention dans une « razo » sur Raimon Jordan ne saurait être sans rapport avec la « razo » sur Bertran de Born dans laquelle figure Hélis de Montfort, fille du vicomte de Turenne. Il est vrai que cette fusion des deux dames de Montfort en une seule n'est pas chez l'ancien biographe aussi catégorique qu'elle est chez les critique modernes, car il ne dit pas nettement : c'était la même, c'était celle qui fut une des trois de Turenne. Mais il paraît bien que les

concernent cette famille, il suffit de signaler celui où figure troubadour : c'est une donation faite en présence de Frotard, vicomte de Saint-Antonin, de Sicard, son frère, de Raimond Jordan, son cousin (et non vicomte lui-même), en 1178 (Fr. Moulenq, *Doc. hist. sur le Tarn-et-Garonne*, I, 351). Chabaneau a été déterminé à mettre la date 1190-1200, sans doute par un acte de 1198, dans lequel figure R. Ameilz de Penna, nommé dans la biographie de Raimon Jordan (p. 12 note 3). Or, sans entrer dans l'examen de cette biographie, on peut dire qu'un « En Ameilz de Penna » figure dans un acte de 1175 concernant Saint-Antonin (Bibl. Nat. *Coll. Doat*, t. CXXIV, fol. 288-9).

1. On lit dans le cartulaire : « Redditus paschae... R. Jordas det VI sols a Deu et a San Salvador... a la sancta Maria de setembre » (*Coll. Périg.*, t. XXXIII, fol. 279 verso).

deux biographies, ou plutôt les deux « razos », ne sauraient être sans rapport, de même que ne le sont pas, par exemple, les biographies de Guillem de Poitiers et de Bernard de Ventadorn qui contiennent une erreur au sujet d'Alienor d'Aquitaine.

L'opinion suggérée par les anciennes biographies et adoptée par les critiques, d'après laquelle Hélis de Montfort aurait été femme de Guillem de Gourdon en premières noces et de Bernard de Casnac en secondes, est inconciliable avec les données historiques, car Hélis de Turenne dont la naissance se place vers 1165 au plus tôt et qui est en 1214 femme de Bernard de Casnac et dame de Montfort, ne peut pas avoir été la femme de Guillem de Gourdon qui ratifia à Montfort, vers 1165, une donation de son mari.

L'allusion que Bertran de Born fit en hiver 1182-3 à « las tres de Torena » dont il célébrait la beauté se rapportait aux trois filles du vicomte Raimon II. Elles s'appelaient : Contors (nom porté jadis par une aïeule), Hélis (nom de leur mère) et Maria. Aucune d'elles n'avait atteint en 1182-3 l'âge de vingt ans puisque leur père n'avait que trente-neuf ans à cette date. Contors était déjà mariée, ou allait être mariée bientôt, à Helias de Comborn, car ce mariage se fit vers 1184 au plus tard ; la date du mariage de Hélis avec Bernard de Casnac est inconnue; Maria était encore jeune fille et n'allait épouser Èble de Ventadorn que quelques années plus tard. L'allusion, par laquelle Bertran de Born oppose la beauté de la jeune duchesse de Saxe aux charmes de ces trois sœurs qui étaient dans leur première jeunesse, ne manquait pas d'à propos, comme on pouvait s'y attendre de sa part, et contrairement à ce qu'on a voulu supposer faute d'informations exactes.

L'ancien commentateur a voulu dire qui étaient « las tres de Torena » dont il trouvait mention dans une poésie de Bertran. Il a bien indiqué une des trois, Maria de Ventadorn, qui vivait encore en 1221 Il n'a pas eu tort, non plus, de dire qu'une autre était Hélis de Montfort, dame d'un château dont la destruction célèbre en 1214 dut laisser des souvenirs, mais il commettait une erreur en l'identifiant avec une autre dame qui vivait, quelque temps auparavant, à Montfort et qui était femme de Guillem de Gourdon, erreur qui a été faite dans une autre biographie par le même auteur ou bien par un autre. Ne sachant rien de la troisième sœur, Contors, dont les souvenirs ne parvinrent pas à lui, car elle devint veuve avant 1187, il mit à cette place Maeut de Montagnac qui est, comme nous l'avons vu dans le chapitre précédent, une création à lui.

GUISCHARDA DE BEAUJEU

Une brouille entre Bertran de Born et Maeut de Montagnac fut amenée par l'arrivée en Limousin d'une autre belle dame, Guischarda de Beaujeu, nous dit l'ancien biographe. Et il ajoute quelques renseignements sur cette dame :

Ela'l partit de se e det li comjat et encusava lo de madomna Guischarda, de la molher del vescomte de Comborn, d'una valen domna, que fo de Borgogna, sor d'En Guischart de Beljoc.

On accepte dans les études consacrées à notre troubadour cette information et on dit que Guischarda était sœur de Guischard, fils de Guischard IV, ou bien sœur de ce dernier.

Or, une fois de plus, l'information de l'ancienne biographie n'est pas tout à fait exacte, comme le prouvent les documents concernant la famille de Beaujeu[1].

1. Les auteurs qui ont écrit sur cette maison sont assez nombreux : Claude Paradin, *Alliances généalogiques des rois et princes*

A l'époque qui nous intéresse Humbert III seigneur de Beaujeu, était encore en vie, car il est attesté entre 1137 et 1193, date de sa mort. Son fils Humbert IV, appelé « junior » dans les actes, car il était associé à son père dans l'administration du Beaujolais, mourut en 1189, avant lui; un autre fils, Guischard, mourut jeune en 1164-5; on dit qu'il avait encore un troisième fils, Hugues. Humbert IV le jeune était marié avec Agnès de Thiern, dame de Montpensier, et laissa un fils, Guischard IV, qui devint seigneur de Beaujeu, et une fille, Alis, mariée à Renaut de Nevers, comte de Tonnerre. Guischard IV, dit le Grand, devint seigneur de Beaujeu en 1194, après la mort de son grand-père Humbert III, et mourut en 1216, laissant de sa femme, Sybille de Hainaut, Humbert son successeur à la seigneurie de Beaujeu, Guischard, qui reçut celle de Montpensier, et d'autres enfants encore dont les noms sont connus.

Il est évident que Guischarda de Beaujeu, femme

de Gaule, Lyon, 1561, f. 983 sq.; Duchesne, *Hist. des roys, ducs, et comtes de Bourgogne*, Paris, 1619, p. 449; J. Severt, *Chronologia historica Lugdunensis Archiepiscopatus*, 2e éd., Lyon 1628, t. I., f. 277 sq.; Guichenon, *Hist. de la souveraineté de Dombes*, 1re éd., 1662, 2e éd., Lyon, 1874; Louvet, *Hist. du Beaujolais, mss. des XVIIe et XVIIIe s.* publ. par L. Galle et G. Guigue, Lyon 1903, t. II, p. 200 sq.; *L'Art de vérifier les dates*, 3e éd., 1784, t. III, 474-5; Bar. F. de la Roche La Carelle, *Hist. du Beaujolais*, Lyon 1853, t. I, p. 70 sq.; enfin on trouve dans la publication de l'ouvrage de J. M. de la Mure, *Hist. des ducs de Bourbon* d'après un ms. de 1675, Paris 1868, au t. III, p. 16-25 un tableau généalogique de la maison de Beaujeu établi avec grand soin par M.-C. Guigue; on trouve en outre une généalogie de cette famille dans le *Cabinet de d'Hozier* au dép. des mss. de la Bibl. Nat., t. CCCXLI, f. 378 sq. et cf. t. XXXII. Je ne cite que des renseignements sommaires et qui sont appuyés de documents.

d'Archambaut VI de Comborn, lequel arriva au pouvoir vers 1184-7, était contemporaine de Guischard IV de Beaujeu, et non pas de son fils Guischard, qui ne fut pas, du reste, seigneur de Beaujeu, mais de Montpensier.

Quant à Guischard IV, il fut en réalité en rapports avec Guischarda, femme d'Archambaut IV, de Comborn et les documents, dans lesquels il mentionne cette dame, prouvent en même temps qu'elle n'était pas sa sœur.

Guischard IV, qui apparaît dans les documents dès 1192 et qui devint seigneur unique des domaines de Beaujeu et de Montpensier en 1194, fit un premier testament à cette époque, vers 1190-1195, quand il n'avait pas encore d'enfants, et en voici quelques passages[1] :

Hoc est testamentum domini Vicardi Bellijoci... Imprimis ergo notificatur tam presentibus quam futuris quod terram Bellijoci et Arvernie, si sine, quod Deus avertat, obierit herede, sorori sue... [lacune d'un mot]... totam dimittit. Terram de Beuzeis Vicardo, filio domine Vicarde, dimittit. Et, si sine herede ipse et soror forte obierint, totam terram predicto Vicardo dimittit. Pro hoc autem dono et pacto vult quod domina Vicarda in pace sine omni querela sit cum ipso et successoribus suis...

1. Ce testament a été publié avec le *Cartulaire de l'égl. coll. Notre-Dame de Beaujeu* par M.-C. Guigue, Lyon, 1864, p. 50. Les anciens auteurs, induits en erreur par la graphie du nom de Guischard dans ce document, le rapportent à un autre personnage qu'il appellent Vuicard et auquel ils donnent, par une autre erreur, Vuicarda, qui y est nommée, pour sœur (Severt *l. c.*, Louvet, p. 200 et 209). Voir les premiers actes de Guischard dans le même *Cartulaire de Beaujeu* et au *Cartulaire de Cluny*, éd. A. Bruel, t. V, nos 4361, 4404, 4406, 4455-6.

Dans son second testament, du 18 septembre 1216, Guischard, qui avait déjà une nombreuse famille, disposa autrement de sa succession[1] :

Ego Guichardus, Bellijoci dominus... concedimus karissimo primogenito nostro terram et dominium Belli Joci integre percipiendum, Guichardo vero, filio nostro, legamus totam terram nostram de Monte Panchero; Henrico (corr. Hereco) autem legamus terram nostram de Biauzois... Philippam autem, filiam nostram, relinquimus karissime sorori nostre, quondam de Tournoverre comitissae, ut eam monacham faciat apud Fontem Evrardi... Volumus etiam quod pax illa, quam cum Guicharda, consanguinea nostra, et ejus filiis fecimus et quam nos et homines nostri observare juravimus, a filiis nostris et amicis inviolabiliter observetur...

Un différend surgit plus tard entre Humbert V seigneur de Beaujeu, fils de Guischard IV, d'une part, et Bernard de Comborn, fils d'Archambaut VI et de Guischarda, de l'autre, et il a été réglé par un accord du mois d'octobre 1246, dans lequel il est dit[2] :

Bernardus de Comborn... Super hoc quod nos dicebamus nos habere jus in terra et baronia Bellijoci ex parte dominae Guichardae quondam matris nostrae... Dominus Guichardus de Bellojoco quondam pater ipsius Humberti assignaverat domino Archambaldo supradicto vicecomiti de Comborn patri nostro...

1. Publié dans la *Bibl. de l'École des Chartes*, t. XVIII, année 1875, p. 161 sq.
2. Voy. Baluze, *Historiae Tutellensis libri tres*, Paris, 1717, preuves col. 549 sq., et cf. 553-6 un acte de Guichard de Comborn, frère de Bernard, qui vend, en 1248, à Humbert V ses terres dans le Beaujolais.

Ces trois documents se complètent pour prouver que l'affirmation de l'ancienne biographie n'est pas exacte.

Au moment où il fit écrire son premier testament, vers 1190-1195, Guischard de Beaujeu n'avait pas encore d'enfants (« si sine, quod Deus avertat, obierit herede »). Il légua par conséquent la plupart de ses terres de Beaujeu et d'Auvergne, c'est-à-dire de Montpensier, à sa sœur unique (l'expression « ipse et soror » suffirait à prouver qu'il n'en avait qu'une) dont le nom est détruit dans l'original de cet acte, mais on sait que c'était Alis qui, devenue veuve du comte de Tonnerre tué au siège d'Acre en 1191, se retira dans l'abbaye de Fontevraud, et qui est exactement désignée dans l'autre testament de 1216 (« sorori nostre quondam de Tournoverre comitissæ »). Il donna en même temps une seule terre, celle de Bugey, à Guischard, fils de la dame Guischarda qu'il n'appelle point sa sœur (« Vicardo filio domine Vicarde »), mais qui avait certaines prétentions sur les terres du Beaujolais auxquelles il espérait faire droit par ce legs en faveur de son fils (« pro hoc autem dono, etc. ») Plus tard, devenu père de plusieurs enfants, il donna la terre du Bugey, par le testament de 1216, à son troisième fils Érec[1], ayant réglé ses différends avec la dame Guischarda et ses

1. Voir A. Thomas, *Hérec de Beaujeu, maréchal de France, et les derniers vicomtes d'Aubusson* (dans le volume dédié à W. Foerster, 1902, et *Bull. cor. Creuze*, 1902), où il est prouvé que son nom était Érec, et non pas Henri.

fils par un accord, auquel il fait appel dans ce second testament, et c'est là qu'il la dit expressément sa cousine (« cum Guischarda consanguinea nostra »). Enfin la transaction de 1246, qui invoque le même accord, prouve que la dame Guischarda n'était autre que la femme d'Archambaut VI de Comborn.

Aucun document ne nous dit qui était le père de Guischarda. Mais, puisqu'elle était cousine de Guischard IV et que, après la sœur de celui-ci, c'était à elle que la succession revenait, il paraît bien qu'elle était fille d'un frère d'Humbert IV, père de Guischard IV : soit de Guischard qui mourut en 1164-5, soit d'un autre frère, moins sûrement attesté, qu'on nomme Hugues[1]. En tout cas elle n'était pas sœur de Guischard IV de Beaujeu, mais sa cousine.

Guischarda de Beaujeu fut mariée à Archambaut VI de Comborn probablement après 1184 (Geoffroi de Vigeois ne mentionne pas ce mariage, tout en parlant du mariage de Helias, frère aîné d'Archambaut), mais pas longtemps après cette date, sans doute vers 1184-7, date à laquelle Archambaut

1. Guischard, bien qu'il soit mort jeune, peut avoir laissé, en 1164, une fille, s'il était né vers le même temps que son frère Humbert (1142). C'est Guichenon qui parle le premier de « Hugues de Beaujeu, qui ne laissa qu'une fille appelée Guicharde de Beaujeu, mariée à Archambaut, sixième du nom, vicomte de Comborn » (*o. c.* I, 180), mais il ne donne pas de preuve. On trouve cependant dans la généalogie ms. du *Cabinet de d'Hozier* la mention que voici : « Une charte de 1194 porte que Humbert (grand-père de Guichard) et Alexie sa femme avoient pour enfans Hug., Guichard, Humbert et Guy » (t. CCCXLI fol. 378).

devint vicomte. Au moment où Guischard IV de Beaujeu fit son premier testament, vers 1190-1195, Guischarda avait déjà deux fils, car Guischard qui y est nommé était le cadet. Elle mourut en 1221, comme nous l'apprend un acte, par lequel Archambaut son mari, voulant l'ensevelir à l'abbaye d'Obazine fondée par son père, obtint l'accord de l'abbaye de Tulle, qui avait le privilège de donner la sépulture à tous les membres de la famille de Comborn[1].

L'ancien biographe trouva la mention de Guischarda dans une poésie de Bertran de Born (80,1) dans laquelle celui-ci avait exprimé sa joie de l'arrivée de cette dame en Limousin :

> Ai! Lemozis, francha terra cortesa,
> mout mi sap bo quar tals honors vos creis,
> . . . .
> puois Na Guischarda nos es sai tramesa.

Il a su apprendre qu'il s'agissait de Guischarda de Beaujeu, femme d'un vicomte de Comborn dont il ne dit pas le nom. Cette information exacte qu'il donne, il a pu l'acquérir sans difficulté, parce que deux fils issus de ce mariage, et dont un portait le nom de Guischard, vivaient dans la seigneurie de

1. Voir sur le mari de Guischarda et sa famille la généalogie des vicomtes de Comborn à l'appendice II. On lit dans l'acte de 1221 : « Archambaldus Vicecomes de Comborn... dominam Guischardam, uxorem nostram, jam defunctam... idem abbas et monachi [Tutellensis monasterii), ad multas preces nostras, nobis illam dederunt de mera gratia tradendam sepulturae apud Obasinam, salvo tamen jure et privilegio monasterii Tutellensis... Datum anno gratiae MCCXXI mense majo » (*Cart. Tulle* éd. Champeval, p. 177, n. 300 et cf. Justel, *Hist. généal. Turenne.* preuves 25, Baluze, *Hist. Tutell.* col. 537-8.

Comborn encore vers 1250. Il a été moins bien renseigné sur la famille de Guischarda et il en fit, erronément, la sœur de Guischard de Beaujeu, dont elle n'avait été que cousine. Toutefois, il paraît savoir qu'elle fut contemporaine de Guischard. Et s'il attache moins d'importance à nous dire de qui elle était fille et tient plutôt à déterminer sa parenté avec Guischard, c'est que ce seigneur, aussi bien par ses alliances illustres — il était, par sa femme, Sibille de Hainaut, sœur de Baudoin et d'Henri ainsi que d'Isabelle, première femme de Philippe Auguste, beau-frère de deux empereurs de Constantinople et d'un roi de France — que par son rôle politique remarquable, fut un personnage important dont le souvenir ne s'effaça pas entièrement avec sa mort.

TIBORS DE MONTAUSIER

La dame qui devait réconcilier Bertran de Born avec Maeut de Montagnac, jalouse de Guischarda, était Tibors de Montausier, dit l'ancien biographe :

E si s'en anet en Saintonge vezer madomna Na Tiborc de Montausier qu'era de las plus prezadas domnas, que fossen e·l mon, de beutat e de valor e d'ensenhamen ; et aquesta domna era molher del senhor de Chales et de Berbesil e de Montausier.

Que peut-on savoir sur ces trois seigneuries saintongeaises qui tirent leurs noms des trois châteaux situés dans la Charente et dans l'arrondissement de Barbezieux? Voici la question qu'on se pose avec d'autant plus de curiosité que ces noms ne sont accompagnés d'aucun commentaire dans les ouvrages consacrés à notre troubadour.

Pour commencer par la châtellenie de Montausier, elle fut aux XIe et XIIe siècles une terre qui appartenait à la maison des comtes d'Angoulême et qui était attribuée comme apanage à des branches cadettes. Geoffroi, comte d'Angoulême (1032-1048), donna la terre de Montausier à son troisième fils, Arnaut, qui porte le titre de seigneur de Montausier en 1068, 1076 et dans quelques actes non datés qu'il est possible de placer entre 1060 et 1066 et entre 1075 et 1080. Les fils d'Arnaut, attestés de son vivant, ne lui succédèrent pas, car on voit la seigneurie de Montausier passer après lui à son neveu Guillem III Taillefer, comte d'Angoulême (1089-1120), comme le prouvent deux actes, dont un est de 1098-1109, l'autre peu antérieur à 1120. Le comte Guillem III donna la terre de Montausier à son troisième fils, Folcon, qui en est dit le seigneur dans quelques actes qui se placent en 1127-40, 1133-41 et après 1141. Avec lui la châtellenie de Montausier se détacha du domaine des comtes d'Angoulême, car il avait un fils, Arnaut, qui lui succéda, comme le prouvent deux actes passés vers 1141-9 et qui fut marié, d'après un autre acte datant de 1170 environ, avec Guiborc de Montchaude. C'est parmi les enfants d'Arnaut et de Guiborc, attestés vers 1145-1170, que nous aurons à chercher ceux qui possédaient le château de Montausier à l'époque de Bertran de Born, vers 1185[1].

1. Il n'existe aucune histoire de la seigneurie de Montausier (auj. commune Baignes-Ste-Radegonde ch.-l. de canton) pour l'époque antérieure au XIVe siècle. — ARNAUT est nommé par la *Hist. Pontif. et Com. Engolism.* composée vers 1160 : « Gaufridus vero de uxore sua prædicta (Petronilla d'Archiac) filios genuit Fulconem, Gaufredum Rudelli, Arnaldum de Montosario, Wilelmum et Ademarum postea Engolismenses episcopos » (*Rer. Engolism. Script.* éd. J. F. E. Castaigne, Angoulême, 1853, p. 36,

En cherchant des renseignements sur la seigneurie de Chalais, on constate qu'elle appartenait au XIIe siècle à une branche des vicomtes de Castillon. D'après un acte de l'abbaye de Notre-Dame de

cap. 30); 12 févr. 1068 : « Hoc donum fecit supradictus Iterius, nepos Fulconis comitis, qui eo tempore consul Engolismensis praeerat, et Arnaldus de Montauserio, qui tunc Montauser tenebat » (*Cartul. de l'abb. de Saint-Étienne de Baigne*, publ. par l'abbé Cholet, Niort, 1868, p. 105, n° 230 et cf., p. 361, une note qu'il faut rectifier); 1076, charte de Guillelm, duc d'Aquitaine : « ... Signum Arnaldi de Montoser » (*Rec. des chartes de l'abb. de Cluny*, éd. A. Bruel, t. IV, p. 610-12, n° 3495); 1060-66 : « Carta de vineis quas dedit Arnaldus de Monte Auserio... Arnaldus Gauffridi consulis Engolismensis filius, frater etiam Fulconis atque Willelmi pontificis » (*Cart. Baigne*, p. 134, n° 301); 1075-1080 : « Ego Arnaudus filius Gaufridi Engolisme comitis, princepsque castri Monteauserii... do de propria hereditate mea cum consilio procerum meorum et filiorum » (*Cart. Baigne*, p. 201, n° 495; cf. plusieurs autres actes du même temps où il est nommé dans ce cartulaire n°s 4, 92, 146, 253, 333, 478); — GUILLEM III TAILLEFER, entre 1098 et 1109 : « Arnaudus de Monteauserio dedit... Postea venit honor in manu Willelmi comitis Engolismensis et ille.... affirmavit ex toto supradictum donum sui avunculi » (*Cart. Baigne*, p. 52, n° 87); vers 1120 : « Taliafer dominus de Monteauserio in fine vitae sue delegavit... de censu nominati castri » (*Cartul. de Barbezieux*, publ. dans les *Arch. Hist. Saint.*, t. XLI, p. 63, n° 194); — FOLCO est mentionné par la *Hist. Pont. et Com. Eng.* : « Willelmus Taillefer... reliquit hæredem Vulgrinum filium primogenitum... Raimundo filio suo dedit Fronciacum et Fulconi filio suo Montemauserium » (*o. c.* p. 43, cap. 35 et cf. p. 56, cap. 36, sur la succession de Wulgrin, où il ne sera plus question de Montausier); 1027-40, au temps de Guillem, év. de Saintes : « videntibus... Fulcone domino Montis Auserii » (*Cart. Baigne*, p. 31, n° 47); 1133-41 : « Fulco de Monteauserio » et 1141-49, dans un duel judiciaire entre Itier de Born et l'abbé de Baigne : « ante dompnum Fulconem de Monte Auserio » (*Cart. Baigne*, p. 77, n° 142 et p. 199, n° 494); — ARNAUT, au temps de l'abbé Helias avant 1149 ; « ... Arnaldi de Monteauserio qui huic concordie interfuit et utriusque partis medius extitit » (*Cart. Baigne*, p. 202, n° 497); 1149-70, au temps de l'abbé Raimon II : « Guillelmus Boet... acceptis ab eodem Raimundo abbate viginti quinque solidis in caritate quibus liberavit se a carcere A. domini Muntauserien-

Saintes, les droits qui appartenaient vers 1100 à Helias, seigneur de Chalais, passèrent à Peire II vicomte de Castillon, qui en jouissait vers 1140. Ensuite Peire III fut vicomte de Castillon et Olivier, son frère, eut la seigneurie de Chalais, d'après une mention de Geoffroi de Vigeois se rapportant à l'année 1182 et 1183, c'est-à-dire à l'époque qui nous intéresse et à laquelle il fut un des partisans du jeune roi contre Richard[1].

sis » (*Cart. Baigne*, p. 206, n° 502, ou cet acte est rapporté au temps de Raimon Ier abbé, erronément, comme le prouve le nom du moine Fulcaudus de Lamairac, cf. n. 497, p. 202); s. d. (vers 1169) : Fulcherius de Montecausio junior in fine vite sue... hoc donum concessit Guitburgis soror ejus uxor Arnaldi de Monte Auserio » (*Cart. Berbezieux*, p. 40, n° 111; les noms des témoins : A. de Berbezillo, ainsi que du magister Gardradus cf, n°s 353 et 361, et de W. Jacob, cf. n°s 353 et 484, montrent d'après la table des prieurs, que cet acte ne saurait être antérieur à 1170).

1. On trouvera une généalogie des vicomtes de Castillon au t. III de l'*Hist. généal. et hérald. des pairs de France* par de Courcelles, Paris, 1822 sq. Cf. quatre actes de l'abbaye de la Faize concernant Peire II, fondateur de cette maison religieuse en 1137, sa femme Agnès, qui s'y fit religieuse, leur fils Peire III, qui confirma la donation de sa mère en 1178, dans le *ms. lat.* 12751 de Dom Estiennot ff. 566-7. — Sur le domaine de Chalais, voir un acte datant de 1148 environ : « Helias dominus de Chales misit Aimonem de Brolio militem... postea Hersendis abbatissa [1079-1099]... Postea... Petrus vicecomes de Casteilon, quicquid juris in bono illo habebat, ei libenter concessit » (*Cartul. de l'abb. de N.-D. de Saintes*, éd. Grasilier. p. 61). — Olivier, fils de Peire II et d'Agnès et père de Peire III, reçut la seigneurie de Chalais d'après Geoffroi de Vigeois : « 1182... Olivarius, frater Petri vicecomitis de Castellone, munivit Calesium contra Ducem (Richardum) » et « 1183... Tunc conjuraverunt adversus Richardum Henricus rex, Gaufredus Britanniae comes, Helias et Sector Ferri Vulgrini defuncti comitis Engolismensis frater, Ademarus Lemovicensis, Raymundus de Torena et Petrus de Castelone vicecomites, Olivarius de Chalesio, Fulcaudus de Archiaco, Gaufridus de Lesignaco, multique alii barones vel

Enfin les seigneurs de Barbezieux formaient une famille à part, très puissante. Après deux Audoin et un Itier du XIe siècle, ainsi qu'un troisième Audoin du début du XIIe, apparaît Itier II attesté dans quelques actes datant de 1136-49, 1140-49, 1149-1159, 1150, 1154 et 1157. Après lui vient Audoin IV, mari d'Alpaïs, attesté en 1190 et encore 1202, date à laquelle il est appelé « senior » pour pouvoir être distingué de son fils aîné Audoin V qui est attesté dès 1211, et plus tard avec son frère Itier[1].

principes » (Dom Bouquet, *Rec. Hist. Fr.* XVIII, 213, et cf. pour le second passage *Hist. généal. Turenne*, preuves 34-5, de Justel, qui a suivi un ms. plus correct).

1. Une étude sur les premiers seigneurs de Barbezieux jusqu'au XIVe siècle a été récemment publiée dans l'introduction au *Cartulaire du prieuré de Notre-Dame de Barbezieux*, qui forme le volume XLI des *Archives hist. de la Saintonge et de l'Aunis* pour l'année 1911. Pour le XIIe et le début du XIIIe siècle, on peut ajouter quelques documents puisés à d'autres sources que le cartulaire de Barbezieux, et qui n'ont pas été utilisés dans l'étude citée (voir p. LXIX). — ITIER II, pour lequel on n'y trouve que quelques mentions sans dates apparaît dans les documents que voici : 1136-49 « Iterius de Berbezillo » témoin d'un acte (*Chartes saintongeaises de l'abb. de la Couronne*, publ. par G. Babinet de Rencogne et Paul Fleury aux *Arch. hist. Saint.*, t. VII, p. 135 et cf. p. 28, un acte de 1116 dans lequel figure Audoin III, père d'Itier); 1140-9 « Iterius de Berbezill », 1150 « I. de Berbezillo » 1149-59 « Iterius Berbezilli » (*Cartul. de l'égl. d'Angoulême*, éd. J. Nanglard dans le *Bull. Charente*, 1899, pp. 193, 196, 218); 1154 un don de Guillem Tallafer, comte d'Angoulême : « ex parte comitis Iterius de Berbezillo... » (Bibl. Nat., *ms. lat.* 12898, p. 130 et 157); 1157, un acte du même comte : « Iterius de Berbezillo » (Bibl. Nat., *Col. Périg.*, t. LIII, p. 233). — Pour AUDOIN IV, attesté dans le cartulaire de Barbezieux au temps du prieur Guillem de Merpins, vers 1170-85 (n° 364) et au temps du prieur Bernard Jacob en 1190 (n° 61), et vers cette date (n° 359), mari d'Alpaïs, qui mourut avant lui (n° 24), voir. : 1202 une vente « consilio et voluntate Audoini

D'après ces renseignements, qui nous amènent dans les temps de Bertran de Born, on voit au courant de la seconde moitié du XIIe siècle trois familles distinctes de Montausier, de Chalais, et de Barbezieux.

Par contre, l'ancien biographe nous dit qu'à cette époque le même personnage, mari de Tibors, était seigneur de Chalais, de Barbezieux et de Montausier : une fois encore il relate une tradition qui, sans être tout à fait exacte, contient pourtant une parcelle de vérité.

En effet, un acte de Jean-sans-Terre du 14 mars 1214 prouve qu'Olivier, seigneur de Chalais, que nous avons vu en 1182 et 1183 était marié avec Guiborc de Montausier et que les deux époux possédaient certains droits directs ou indirects, par leurs chevaliers, dans la châtellenie de Barbezieux, de même que les seigneurs de Barbezieux, Audoin IV et après lui Audoin V, en avaient dans la châtellenie de Chalais[1] :

Idem autem Audoenus (de Berbezillo) et milites sui de Chaleis tenebunt totam tenenciam quam prius tenebant in

de Berbezillo senioris a quo terra illa movebat » (*Chartes Couronne* dans les *Arch. Saint.*, VII, 161). — Pour Audoin V, voir un acte antérieur à ceux que l'on trouve dans le travail cité, notamment de 1211 : « Sigillis beate Marie de Corona et domni Audoini de Berbezillo voluimus roborari » (*ibid.* 166).

1. Cet acte, par lequel Jean-sans-Terre voulait s'attacher Audoin V de Barbezieux, fut publié diplomatiquement dans les *Rotuli Cartarum in Turri Londonensi asservati* accurante Thoma Duffus Hardy, t. I, London, 1837, p. 196. Il est republié dans les *Arch. hist. Saint.*, t. XLI, p. 201, où il faut corriger quelques leçons inexactes des mots abréviés dans le texte diplomatique :

chastellari de Chaleis. Similiter domina Guiburga de Monte Auserio et milites sui quos ipsa tenebat et Oliverus de Chaleis maritus suus habebunt terras suas in castellari de Berbezillo et Chaleis quas prius tenebant. Si vero idem Oliverus de Chaleis super praedicta tenentia dicti A. de Berbezillo conquestus fuerit de eodem A. elapsis duobus annis, veniet ipse Audoenus in curia nostra et faciat coram nobis predicto Olivero quod facere debebit et recipiet ab eodem quod debebit, nisi pax medio tempore intervenerit inter ipsos.

En outre, le même acte de 1214 nous apprend qu'à cette date Itier de Barbezieux, frère cadet d'Audoin V, épousa la fille unique et héritière de Fina de Montausier et devint par cette union seigneur de ce domaine, comme le prouvent des actes postérieurs dans lesquels il porte constamment le titre de seigneur de Montausier :

Insuper filiam et heredem domine Phine de Monte Auserio concessimus Icherio de Berbezillo fratri ipsius Audoeni cum voluntate ipsius domine Phine de Monte Auserio ducendam in uxorem.

Nous avons vu vers 1145-1170 Arnaut, seigneur de Montausier, d'une branche cadette des comtes d'Angoulême, avec sa femme Guiborc de Montchaude. L'acte cité ci-dessus prouve qu'ils n'avaient pas de successeur mâle qui aurait continué la lignée

l. 3 et 5, lire : « propius », au lieu de « proprius »; l. 6, lire : « solidorum turonensium » ; l. 6-7, lire : « praeter », au lieu de « propter »; l. 11, lire : « terris et tenenciis »; l. 12, aj. : « tota », après « excepta »; l. 25-6, lire : « idem », au lieu de « praedictus »; l. 35, lire : « habuerunt », au lieu de « habebunt »; l. 37, lire : « Icherio »; l. 40, lire : « militibus de comitatu Engolisme », au lieu de « comite ».

et hérité de la seigneurie de Montausier. L'héritage passa à leurs deux filles. Une de ces filles, Fina, peut-être l'aînée, car elle reçut le domaine principal, eut d'un mariage inconnu une fille qui épousa en 1214 Itier, cadet de Barbezieux, en lui apportant l'héritage de sa mère, la seigneurie de Montausier[1]. L'autre, nommée Guiborc comme sa mère, épousa Olivier, seigneur de Chalais et frère du vicomte de Castillon, attesté dès 1182, en lui apportant une partie des terres que sa famille possédait et qui peuvent avoir été situées en dehors de Montausier, comme on peut en juger d'après la mention, dans l'acte de 1214, des droits que le seigneur de Chalais avait par sa femme dans la châtellenie de Barbezieux[2].

Tel fut donc, pour ce qui concerne les trois sei-

1. On pourrait croire que Fina de Montausier était veuve d'un fils d'Arnaut et héritier mâle de la seigneurie de Montausier, s'il n'était pas dit expressément dans l'acte de 1215 que sa fille était héritière de sa mère, et non pas de son père. La situation dans laquelle se trouvaient Fina et sa fille pourrait être présentée de telle façon : son mari meurt, ne laissant qu'une fille, et alors ses terres à lui reviennent à un membre mâle de sa famille, tandis que sa veuve, Fina, garde la terre qui était sa dot, et la transmet à sa fille.

2. L'éditeur du cartulaire de Barbezieux (*Arch. hist. Saint.* XLI, p. LXXIX) s'est trompé en croyant que Guiborc de Montchaude, femme d'Arnaut de Montausier attesté vers 1145-1170, et Guiborc de Montausier, femme d'Olivier de Chalais attesté vers 1182-1214, est la même dame deux fois mariée à ces deux seigneurs; il est évident que, dans ce cas, Guiborc de Montchaude, une fois veuve du seigneur de Montausier et femme d'Olivier de Chalais, n'aurait pas pu être appelée Guiborc de Montausier; Guiborc de Montchaude est la mère, Guiborc de Montausier la fille, toutes les deux appelées par leurs noms de famille.

gneuries, l'état des choses à la fin du XIIe et au début du XIIIe siècle. Olivier, cadet des vicomtes de Castillon et seigneur de Chalais attesté 1182-1214, fut marié avec Guiborc de Montausier, par laquelle il ne devint pas, cependant, seigneur de Montausier, de même qu'il n'était ni par elle ni par lui-même seigneur de Barbezieux : leur terre principale fut celle de Chalais et leurs descendants continuèrent la lignée des seigneurs de Chalais[1]. La plus grande partie de la seigneurie de Montausier échut à Fina, dont la fille épousa en 1214 Itier, cadet de Barbezieux, devenu par ce mariage, seulement en 1214, et non pas au temps de Bertran de Born, seigneur de Montausier[2]. La troisième seigneurie, celle de

1. Olivier de Chalais, évidemment leur fils, est nommé en 1225 au *Cart. Baigne* (p. 232); on trouve ce nom plusieurs fois en 1242 et 1243 dans les *Rôles Gascons* (t. I, n°s 680, 682, 870, 1212, 1587); en 1243, dans les *Lay. Trés. Chartes* (t. III, 505), et en 1242-44, avec Agnès sa femme, dans les *Patent Rolls* (Henry III, 1232-47, n°s 348, 366, 402, 419, 425); enfin, en 1253, dans les *Rôles Gascons* (I, 2171 et 2177), et dans les *Patent Rolls*, (1247-58 p. 261); Helias de Chalais, mari de Mabila de Blancafort, est nommé, en 1255, dans les *Rôles Gascons* (I, 4433, 4506, 4602), et dans le *Cart. S. Seurin de Bordeaux* (éd. Brutails, p. 235 : « Mabila dona de Blancafort... ab voluntad et ab autrei d'En Elyas de Chales son marid »); Olivier seigneur de Chalais est attesté en 1263 dans les *Lay. Tres. Chartes* (t. IV, 62); Elye de Chaleys est nommé en 1294 dans les *Rôles Gascons*, (t. III, 3383); cette seigneurie passa à la famille de Helias Talayrand, seigneur de Grignols, par sa femme Agnès, dame de Chalais, fille d'Olivier et sœur de Helias, et leur héritière, d'après un acte de 1305 (St-Allais, *Précis histor. comtes Périg.* P. 1836, pièces justif., p. 10).

2. Plusieurs documents prouvent qu'Itier, frère d'Audoin V de Barbezieux, devint, après le mariage de 1214, seigneur de Montausier : « En 1220, dans une charte de l'abbaye de la Couronne : « Acta sunt haec apud Montem Auserium... Iterii de Berbezillo domini de Monte Auserio sigillis... » (*Arch. hist.*

Barbezieux, resta toujours séparée des deux autres en possession de la branche aînée des seigneurs de Barbezieux, représentée à l'époque de Bertran de Born par Audoin IV, mari d'Alpaïs, auquel succéda vers 1202-11 Audoin V qui continua la lignée[1].

Toujours est-il qu'au temps de Bertran de Born le seigneur de Chalais était marié avec une dame de Montausier et que, trente ans plus tard, un membre de la maison de Barbezieux devint par le mariage seigneur de Montausier : ces souvenirs, confondus par notre biographe, lui ont fait dire qu'une seule dame était femme du seigneur de Chalais, de Barbezieux et de Montausier ; il paraît savoir que, par sa famille, cette dame était de Montausier, car il l'appelle, elle-même, Tibors de Montausier, et ne parle des deux autres châteaux qu'en mentionnant son mari ; il a altéré le nom de cette dame qui s'appelait Guibors et non pas Tibors (à moins que l'erreur ne provienne d'un copiste).

Guibors de Montausier, femme du seigneur de

Saint., VII, 121) ; 1232 : « Iterius dominus de Berbezillo... testes... nobilis vir Iterius de Berbezillo dominus Montis Auserii, patruus meus » (*ib.*, p. 271) ; cf. son hommage de 1219 : « Iterius de Berbezillo dominus de Monte Ausier... de castro et castellania de Mont Ausier » (*Arch. hist. Saint.*, XLI, p. 204). On trouve, vers le même temps, un Drogo de Monte Auserio, en 1213 (*Cart. Baigne*, 227), 1217, 1220, 1222 (*Arch. Saint.*, VII, 171, 122, 123), ensuite un Drogo et un Arnaut de M. A., en 1242-54 (*Rôles Gascons*, I, 507, 1212, 2463, 3042, et *Patent Rolls*, p. 329 et 402) : ce sont des chevaliers, mais non des seigneurs de Montausier.

1. Sur Itier III, fils d'Audoin V, qui lui succéda en 1219, voir la généalogie citée du t. XLI des *Arch. Hist. Saint.*, p. LXXX, et ajouter un acte intéressant de 1230 des *Patent Rolls* (Henry III, vol. 1225-32, p. 387).

Chalais, est mentionnée par deux troubadours qui la connaissaient et dont les allusions contemporaines sont, bien entendu, plus exactes que les souvenirs du biographe attardé.

Bertran de Born, dans sa chanson sur la « domna soisseubuda », dame qu'il veut créer en empruntant à chacune de celles qu'il connaît sa meilleure qualité, ne manqua pas de la nommer (80, 12) :

> De Chales la vescomtal
> vuolh que'm done ad estros
> la gola e'ls mas amdos.

Il sait bien, lui, que Guibore résidait à Chalais, chef-lieu de la seigneurie de son mari, de même qu'il lui donne, non sans raison, le titre de « vescomtal » qu'on ne savait comment expliquer : son mari était fils et frère des vicomtes de Castillon.

C'est en l'honneur de cette dame que Jordan Bonel composa la chanson « S'ira d'amor tengues amic jauzen » (273,1) dont voici l'envoi[1] :

> A Chales vai, chansos, a midons dire,
> a Na Guibore cui beutatz saup eslire
> e pretz e jois e largues' e valors,
> qe'a leis mi clam de sos mals noiridors.

1. Manuscrits *C* f. 335, *E* p. 150-1, *G* col. 112-3 éd. Bertoni, p. 363, *I* p. 121, coll. avec *K*, *T* f. 197-8, *U* éd. dans l'Archiv 35, 431, *a* éd. Stengel, p. 250, n. 202, et non utilisés *D S R*. — Dans *C*, l'envoi manque. — 1. *E* chalos, *Y K* calos, *G* zales, *F* cales, *a* chaletz. — 2. *E I K T* galborx (*I K*-rs *F*-rtç) *G U a*, guiborg (*U* gi- *G*-rch *a*-rs) ; — 3. *a* on es iouenz e beutatz e n. — 4. *a* del sieus ; *T* mal ; *E* bailidors.

Nous y trouvons le nom de cette dame et ce témoignage concorde avec celui d'un document pour rectifier l'erreur de l'ancienne biographie.

Jordan Bonel fut, lui aussi, l'objet d'une brève notice biographique dont un des principaux éléments, sinon l'unique, avait été fourni précisément par cette mention de la dame de Chalais, car on n'y lit que ces quelques mots :

> Jordans de Bonels si fo de Saintonge, de la marqua de Peitieu, e fetz mantas bonas cansos de Na Tibors de Montausier, que fo moiller del comte d'Egollema e pois moiller del seignor de Montausier e de Berbesiu e de Cales.

Quel fut ce comte d'Angoulême?

Guillem IV Taillefer, qui succéda à son père Wulgrin Ier en 1140, se maria vers 1150 avec Margarita de Turenne, veuve d'Aimar IV, vicomte de Limoges, son premier mari, et séparée avec Èble III de Ventadorn, qui fut le deuxième. Guillem eut de ce mariage cinq fils : Wulgrin, Guillem Taillefer, Aimar, Griset et Fouques, ainsi qu'une fille : Almode. Tous ces enfants sont attestés, avec leurs parents, dès 1171. Guillem IV mourut en 1179. Son dernier fils, Fouques, disparaît après 1171, et l'avant-dernier, Griset, mourut avant 1192. Les trois autres furent tous comtes, l'un après l'autre. Wulgrin II, l'aîné, fut associé à son père dès 1171, il lui succéda en 1179, en s'associant ses deux frères, et mourut le 29 juin 1181, ne laissant de sa femme, dont on ignore le nom, qu'une fille unique, Maeut, qui fut mariée à Hugues IX de Lusignan, comte de La Marche.

Le pouvoir comtal passa en 1181 à son frère Guillem V Taillefer qui mourut entre 1185 et 1187 sans laisser de postérité et sans qu'on sache rien de son mariage. Après lui Adémar, son frère, fut comte dès 1185-7 à 1202, date à laquelle il mourut ne laissant de sa femme Alaïs qu'une seule fille Isabelle qui fut mariée d'abord à Jean-sans-Terre, roi d'Angleterre, et ensuite à Hugues de Lusignan comte de la Marche et qui apporta, avec sa main, le comté d'Angoulême d'abord au premier et ensuite au second mari[1].

1. Voir sur la famille des comtes d'Angoulême à cette époque, P. Boissonnade, *Les comtes d'Angoulême, les ligues féodales contre Richard Cœur de Lion et les poésies de Bertrand de Born*, extrait du t. VII des *Annales du Midi*, 1895, p. 275. Tous les renseignements qu'on y trouve sont basés sur des documents authentiques. Je signale encore quelques actes concernant Wulgrin II, qui nous intéresse plus spécialement. — Dès 1171, il fut investi d'un fief, celui de Segonzac (Charente, arr. de Cognac), et appelé comte (cf. et corr. Boissonade, p. 8), d'après un acte par lequel il confirme une donation de son père en faveur de l'abbaye de Dalon : « Ego Bulgrinus comes Engolismensis filius praedicti Willelmi Tallafer omnia quae pater meus fratribus Dalonensibus donaverat penitus concedo et confirmo... grangiam etiam de La Colre... Factum est hoc anno ab incarn. Dom. MCLXX primo apud villam meam de Segunzaco juxta ecclesiam in caminata... in manu Willelmi [déc. av. 1177] abbatis » (*Cart. Dalon* ms. 375 de Baluze à la Bibl. Nat., p. 33-4, où l'on trouve aussi l'acte de Guillelm de 1146). Pour 1173, on trouve la mention que voici dans un acte de Pierre, évêque d'Angoulême, 1159-1182 : « ... nefanda, prava et perversa gens cortharellorum quos scilicet asciverat Wulgrinus filius Guillelmi Tallafer comitis Engol, ut multa damna epo inferent... 1173 » (Bibl. Nat. *Coll. Périg.*, t. LXXVIII, p. 38, d'après le cartulaire de l'évêché d'Angoulême). — En 1178, dans une sentence de l'évêque Pierre, il est dit expressément que Wulgrin avait sa terre du vivant de son père : « ... Comes siquidem Engolisme (Guillelmus Talhafer) et filius ejus Wulgrinus major natu ab Helia Raynaldi et nepote suo hominium et pro achaptamento mille solidos requirebat... Tandem praefatus comes et idem Vulgrinus... hoc modo composuerunt ut Vulgrinus

Puisque l'ancienne biographie de Jordan Bonel dit que Tiborc ou mieux Guiborc de Montausier,

praescriptus cui jam pater suus terram suam dederat eumdem Raynaldum in hominem reciperet et idem Raynaldus pro achaptamento centum solidos Engolismensis monetae et Comitisse viginti solidos ejusdem monetae vel duas vaccas viginti solidorum, si Comitissa magis vellet sibi, daret... Facta est autem haec compositio in capella sancti Clementis anno ab incarnatione Domini millesimo centesimo septuagesimo octavo, eo anno que comes Hierosolimam ivit » (Bibl. Nat. *ms. lat.* 17089, p. 518-9, et *Coll. Périg.* t. LIII, p. 243). D'après cet acte, Guillem IV Taillefer serait parti pour la Terre Sainte en 1178. Le texte de Geoffroi de Vigeois qui parle du départ de Guillelm d'Angoulême, d'Aimar de Limoges et d'autres barons au mois de juillet et de la mort de Guillelm à Messine au mois d'août n'étant pas assez clair, on hésitait entre 1178 et 1179 (Clédat, *o. c.*, p. 42 n° 1, et Boissonade *o. c.*, p. 9). Or, un acte d'Aimar de Limoges nous donne une date précise : « ... eo die quo peregre Jerusalem proficiscens anno 1179 VI Idus Julii » (*Cart. Dalon*, ms. 375 de Baluze, p. 14). Dans l'acte de l'évêque Pierre de 1178, la mention du départ du comte peut avoir été ajoutée après coup, et signifier que le comte partit en moins d'un an, car « eodem anno » est parfois employé dans ce sens. L'hypothèse de M. Clédat en faveur de 1179 est confirmée par l'acte de Dalon. — Maeut, fille de Wulgrin II, qui était l'aîné, était héritière légitime du comté d'Angoulême. Elle fut évincée par Isabelle, fille d'Adémar. Voir, à ce sujet, un acte du mois d'août 1233, par lequel Laurent, abbé de St-Julien et quelques autres témoins déclarent avoir assisté à la renonciation de Maeut à tout droit « in comitatu praedicto (Engolisme) vel in pertinenciis ejusdem jure hereditario vel alia ratione nec in comitatu Marchiae nomine dotalitii » pour une somme d'argent, ce qui eut lieu le 24 juin 1233, à Tours : « interfuimus apud Turonem in festo decollationis sancti Joannis Baptistae anno Domini millesimo ducentesimo tricesimo tertio cuidam compositioni qua in praesentia ven. patris Juhelli archiepiscopi Turonensis (1229-1245) perlocuta est inter Matildim filiam Vulguerini Comitis Engolisme qua in comitatu Engolisme dicebat se jus habere et Ysabellam illustrem reginam Angliae comitissam Engolisme et Marchiae super litigio quod inter ipsas, comitatus nomine, vertebatur... » (Bibl. Nat., *ms. lat.* 17089, fol. 492). — Bertran de Born mentionne les comtes d'Angoulême dans ses poésies. M. Boissonade (*o. c.*, p. 283-8) a montré que la pièce « Ges no mi desconort » (80,21) dans laquelle sont mentionnés

avant d'épouser le seigneur de Chalais, était femme d'un comte d'Angoulême, tous les critiques la donnent pour femme à Wulgrin II, ce qui n'est pas impossible, quoiqu'aucun document ne laisse supposer que Guiborc ait été veuve de Wulgrin et mère de Maeut. On pourrait encore supposer que Guillelm V Taillefer, qui était comte dès 1181 à 1185-7, fut marié et que sa femme ne fut autre que Guiborc. Pour écarter ou confirmer ces deux hypothèses, il faudrait savoir les noms des femmes de Wulgrin et Guillelm, ainsi que la date à laquelle Guiborc devint femme d'Olivier de Chalais. Mais,

« li trei comte fat Engolmesi » ne saurait être postérieure à juin 1181, date avant laquelle vivait Wulgrin avec ses deux frères associés au pouvoir. M. Clédat (p. 58), Stimming (p. 24), et Thomas (p. 31), croyaient que ce sirventès était postérieur à la mort d'Henri le Jeune et à la prise d'Autafort, et le plaçaient, par conséquent, vers la fin de 1183, en admettant que le troisième frère à cette date était Helias, qui n'a cependant jamais existé. Malgré les observations de M. Boissonade, M. Stimming maintient, dans la troisième édition, l'ancienne opinion (p. 24 et 168). Or, ce sirventès se rapporte au premier conflit de Bertran avec son frère, et se place très bien avant la pièce « Ges de far » (80, 20), qui est de 1182. Dans le sirventès 80, 21, que nous plaçons en 1181, Bertran dit avoir rendu le château à Richard qui en a ainsi ordonné (v. 5-8), et espère que la décision lui sera favorable (v. 13 et 61-4). Dans 80,20, qui est de 1182, il se réjouit d'avoir obtenu le pardon de Richard et du roi Henri son père (v. 7-10), et célèbre la décision du roi (v. 49-52). Quant aux sirventès « Puois Ventadorns » (80, 33) et « Quan la novela » (80, 34), dans lesquels est mentionné « Talhafer », il est inexact de croire que tous les comtes d'Angoulême portaient ce surnom à cette époque (Clédat, p. 42; Thomas, p. 15 et 58; Stimming, p. 176) : seul, Guillem V le portait parmi les enfants de Guillem IV (de même que le surnom de Talairan ne fut jamais porté par deux frères dans la maison de Périgord) et, du reste, ces pièces se placent au temps où il était comte (1181-1185-7).

habitués que nous sommes aux confusions de ce genre dans les anciennes biographies, nous nous demanderons aussi si cette mention d'un comte d'Angoulême qui aurait été premier mari de Guiborc de Montausier, n'est pas simplement un reflet inexact du fait que la famille de Montausier était une branche des comtes d'Angoulême[1].

Cette information additionnelle de la biographie de Jordan Bonel restant en suspens, nous savons à quoi nous en tenir au sujet de Tibors de Montausier introduite dans la biographie de Bertran de Born.

1. Quant à Olivier, mari de Guiborc, Geoffroi de Vigeois dit qu'en 1182 il était gendre de Foucaud d'Archiac : « Olivarius... suadente Fulcaudo d'Archiac socero suo » (Bouquet, *Rec. Hist. Fr.*, XVIII, 213). Les informations qu'on possède sur la famille d'Archiac ne suffisent pas pour vérifier l'exactitude de cette affirmation de Geoffroi; un Fulcaudus de Archiaco est attesté dans deux actes de 1147, date à laquelle il se croisa et alla à Jérusalem, un autre en 1211 (*Arch. Hist. Saint.*, VII, 136, 138, 168); celui dont parle Geoffroi est mentionné par Bertran de Born dans le sirventés : « Quan la novela flors », v. 37. Si l'information de Geoffroi est exacte, Olivier de Chalais n'aurait épousé Guiborc qu'en deuxièmes noces et après 1182.

CONCLUSION

Les renseignements que l'ancien biographe donne sur les personnages auxquels il fait jouer un rôle dans les aventures amoureuses de Bertran de Born sont les seuls qui puissent être contrôlés dans son récit. Après les avoir examinés, nous voyons que le biographe n'avait qu'une connaissance très imparfaite de l'époque du troubadour. Nous allons le rappeler, en résumant les résultats de nos recherches.

1° Maeut de Montagnac, de la maison de Turenne, qui, d'après l'ancien biographe, aurait été la dame de Bertran de Born, n'a jamais existé, de même que son prétendu mari, Talairan, frère du comte de Périgord. Pour ce qui concerne cette dame, personnage principal du récit, la part de la vérité est, dans la tradition que le biographe put recueillir, assez mince. Une dame qui apporta à son mari le castel de Montagnac, et qui ne s'appelait point Maeut mais Raimonda, épousa non pas un frère du comte de

Périgord, mais le comte Helias Talairan lui-même. L'ignorance de l'époque à laquelle vivait Bertran de Born était si profonde chez l'ancien biographe qu'il donna à ce comte, qui avait régné tout le long de la seconde moitié du XIIe siècle jusqu'au début du XIIIe, le nom d'Amblart, qu'il trouvait dans une chanson du troubadour et qui y désigne naturellement un tout autre personnage.

2° Les trois belles de Turenne, qui sont célébrées par Bertran de Born dans une chanson, n'ont pas pu être identifiées par le biographe avec une entière exactitude. Il a bien réussi à apprendre qu'une d'elles était Maria, femme du vicomte de Ventadorn, et une autre Hélis, qui était dame de Montfort, mais, ne sachant rien de la troisième, Contors, qui, devenue veuve, avait disparu de l'horizon au XIIe siècle encore, quelques dizaines d'années plus tôt que ses sœurs, il la remplaça par la prétendue Maeut, dont le prototype historique, la comtesse Raimonda, était d'une génération antérieure et n'appartenait qu'à une branche cadette de la maison de Turenne.

3° Guischarda, dont le biographe trouvait le nom dans une poésie de Bertran, a été bien identifiée par lui avec Guischarda de Beaujeu, femme du vicomte de Comborn, mais il s'est trompé en la faisant sœur du célèbre Guischard de Beaujeu, qui n'avait été que son cousin.

4° Tibors de Montausier, dont l'ancien biographe fait la femme du seigneur de Barbezieux, de Chalais, et de Montausier, sans être purement et simplement inventée, n'est pas présentée d'accord avec la réalité. Une Guibors de Montausier avait bien épousé au temps de Bertran de Born le seigneur de Chalais, et une trentaine d'années plus tard une autre dame de Montausier devint femme d'un membre de la maison de Barbezieux qui d'ailleurs ne possédait pas cette seigneurie. Le biographe, puisant à une tradition peu précise, transféra les données concernant ces deux dames sur une seule.

5° Mathilde, fille d'Henri II, roi d'Angleterre, et femme d'Henri le Lion, duc de Saxe, fut appelée « Lena » dans deux chansons de Bertran de Born qui, voulant glorifier sa beauté, lui donna le nom de la belle Grecque. Le biographe croit que tel était en réalité le nom de cette princesse. Et puisqu'il s'agit de la fille d'un roi et mère d'un empereur, Othon IV, c'est un indice de plus des connaissances peu approfondies du biographe.

Possédant ces constatations au sujet de toutes les données vérifiables de la biographie, nous sommes en état de répondre à la question de la valeur historique de ce récit.

Si l'auteur ne sait que peu de chose sur les personnages qu'il introduit dans son histoire, comment aurait-il été si bien informé sur leurs aventures amoureuses assez intimes. Il est évident que nous ne sommes pas en présence d'une tradition remontant à l'époque même de Bertran de Born. Ce récit ne saurait être comparé à des mémoires que nous avons sur maintes époques et qui enregistrent souvent de simples racontars et peuvent être par conséquent pleins d'inexactitudes, mais qui, après tout, ont été écrits par des contemporains auxquels on ne peut reprocher d'être restés étrangers à l'époque et au milieu dont ils parlent. Notre récit, par contre, est l'œuvre d'un auteur attardé qui, écrivant plusieurs dizaines d'années après les événements, a mille peines à apprendre quelque chose sur ce temps éloigné.

Désormais il nous est possible de nous représenter la manière dont le récit de l'ancienne biographie a été composé.

Si notre auteur avait eu une connaissance directe, ou, tout au moins, des souvenirs indirects mais exacts, de l'époque de Bertran de Born, il aurait pu être renseigné sur une aventure amoureuse du troubadour et, ayant cette information, en chercher la confirmation dans les chansons. Mais, puisqu'il est démontré que cette connaissance lui faisait absolument défaut, il est évident que c'était le cas contraire qui se produisit. Ce sont les poésies mêmes du troubadour qui formèrent son point de départ. Les chansons amoureuses contiennent toujours des motifs littéraires qui peuvent être pris pour des allusions à la réalité vécue. C'est ainsi que notre biographe les considérait, en se proposant de les expliquer.

Bertran de Born ne se réjouit-il pas dans la chanson 80,37 d'avoir une dame dont il dévoile les charmes et que tout le monde lui envie :

> Rassa, domn'ai qu'es fresch'e fina
> coind'e gaia e mesquina,

pel saur ab color de robina,
blancha pe·l cors com flors d'espina
coude mol ab dura tetina
e sembla conil de l'esquina.
. . . .
Rassa, als rics es orgolhosa
e fai gran sen a lei de tosa
que no vol Peitau ni Tolosa
ni Bretanha ni Saragosa.

Le commentaire que le biographe consacre à cette poésie (razo IV) n'en est qu'un délayage en prose. Avec le plus grand sérieux, il raconte, comment tous ces princes et rois briguaient son amour et comment elle les refusait tous. C'est pour faire renoncer ses rivaux à leurs vains désirs, ajoute le biographe, que le poète ne dissimula pas de l'avoir vue nue.

Mais, malheureusement, le troubadour ne dit nulle part qui était cette dame. Le biographe, réduit à sa propre sagacité, a choisi l'hypothèse qui lui semblait la plus naturelle. Puisque Bertran avait été un châtelain du Périgord, son biographe jugea bon de chercher cette dame, que le troubadour se vantait d'avoir admirée si librement, dans la maison des comtes de Périgord. Il a réussi à apprendre qu'à l'époque de Bertran une dame de la maison de Turenne apporta à la famille de Périgord le castel de Montagnac. Il lui donna le nom de Maeut, la présenta comme femme d'un frère du comte, en fit une des trois belles de Turenne, accumulant erreurs sur erreurs.

Dans une autre chanson (80,12) Bertran eut la

jolie idée de dire que, sa dame lui ayant refusé ses grâces, il ne trouvera plus d'autre aussi belle, à moins d'en créer une pour laquelle il emprunterait aux plus belles dames, qu'il énumère, leurs plus remarquables qualités :

Domna, puois de me no·us chal
e partit m'avetz de vos
senes totas ochaisos,
no sai on m'enquieira
. . . .
Irai per tot achaptan
de chascuna un bel semblan
per far domna soisseubuda
tro vos mi siatz renduda.

Et là-dessus, l'ancien biographe, avec une naïveté qui va jusqu'à pouvoir plaire, nous raconte comment le troubadour « alla à toutes les bonnes dames demandant que chacune lui donne une des qualités », de sorte que, dans son récit (razo I), cet appel poétique change en une promenade réelle de château au château.

Mais ce qui attira tout particulièrement son attention, c'était l'allusion à une brouille entre le troubadour et sa dame, qu'il y apercevait. D'autant plus qu'une autre chanson (80,15) était là pour le confirmer. Évitant la banalité monotone des chansons amoureuses, il préfère créer un modèle moins commun, une chanson d' « escondig » c'est-à-dire de « justification », dans laquelle il imagine, avec beaucoup d'esprit, toutes sortes de désagréments qu'il est prêt à supporter s'il n'a pas été fidèle à sa dame.

C'est un joli motif poétique. Le biographe y voit toujours une allusion à la réalité, à une brouille, puisque le troubadour y dit :

> Ieu m'escondisc, domna, que mal no mier
> de so que·us an de me dich lauzengier.
> . . . .
> Fals, enveios, fementit lauzengier
> puois ab midons m'avetz mes destorbier.

Si les intrigants l'ont accusé, c'était naturellement d'avoir adressé ses hommages à une autre dame. Il faut la chercher et le biographe y réussit facilement. Bertran ne célèbre-t-il pas l'arrivée de la dame Guischarda dans le Limousin (80,1) :

> Ai! Lemozis, francha terra cortesa,
> mout mi sap bo quar tals honors vos creis
> . . . .
> puois Na Guischarda nos es sai tramesa.

C'est elle, se dit le biographe, c'est la dame qui provoqua la jalousie de Maeut. Il nous l'explique dans la razo II. Et, en introduisant la dame Guischarda dans son récit, il a réussi à l'identifier, avec une légère inexactitude.

Cherchant le dénouement de cette aventure, le biographe fixa son attention sur la chanson 80.38 dans laquelle le poète dit en passant (car ce n'est point une chanson amoureuse) qu'il avait sollicité le secours d'une dame et que celle-ci avait réussi à faire un bon accord, de sorte qu'il se rend de nouveau à sa dame :

> Domna s'ieu quisi socors
> alhors, non ho fis en ver,

e ve·us m'al vostre plazer
me e mos chans e mas tors;
e pren comjat del repaire
on tan gen fui acolhitz,
on nais jois, sens e valors;
e cel que mante faiditz
per honor de se mezeis
quan fai bos acordamens
a sols los afiamens.

Cette strophe forme le seul noyau du long récit de la razo, comme le montrent les deux phrases que voici :

« E madomna Na Tibors promes a N Bertran, s'ela no·l podia acordar ab madomna Maeut, qu'ela·l recebria per chavalier e per servidor... E si recordet Bertrans lo socors qu'anet a demandar a madomna Na Tiborc e l'acolhimen qu'ela li fetz dintz son repaire en una cobla que dis : Domna, s'ieu quisi socors. »

Bertran n'avait pas nommé cette dame. Le biographe devait une fois de plus deviner. Or, les deux seules dames, désignées avec quelque précision dans le chansonnier de Bertran, notamment dans la « domna soisseubuda », étaient la dame de Chalais et celle de Rochechouart. Le biographe porta son choix sur la première. Les informations qu'il donne sur son compte, en l'introduisant dans son récit, jusqu'au nom même qu'il lui fait porter, sont assez erronées. En revanche il n'hésite pas à citer textuellement les propos qu'elle aurait tenus dans une conversation intime avec le troubadour.

L'ancien biographe ne savait rien sur les amours

de Bertran de Born. Il croyait cependant en retrouver les traces dans ses chansons. Prenant au sérieux des motifs littéraires, il broda là-dessus toute une histoire. D'après les mentions qu'il trouvait dans les poésies de Bertran, ou bien parfois tout à fait arbitrairement, il introduisit dans son récit quelques dames, en leur faisant jouer des rôles imaginés par lui-même.

Pas un seul détail ne saurait être accepté dans cette histoire, inventée de toutes pièces, et que la critique moderne a eu le tort de considérer tout entière comme digne de foi.

En rejetant l'histoire amoureuse de Bertran de Born imaginée par l'ancien biographe, et en se bornant uniquement aux informations qui résultent des chansons elles-mêmes, on peut constater simplement que notre troubadour, tout en consacrant la plus grande partie de son chansonnier aux événements politiques, célébra de temps en temps plusieurs dames, avec plus ou moins d'assiduité, mais toujours dans les limites de la convention qui dominait la poésie lyrique des troubadours. La plupart de ces dames ne nous sont connues que par des pseudonymes employés par le poète. Les dates des chansons dans lesquelles elles sont nommées ne se laissent pas toujours préciser. Voici, toutefois, le peu qu'on peut savoir.

En hiver 1182-3, étant allé avec Richard, comte de Poitou, en Normandie, à la cour d'Henri II, roi d'Angleterre, qui y recevait alors sa fille Maeut, duchesse de Saxe, Bertran célébra celle-ci, en lui donnant les noms de « Na Saissa », « Na Lena », « Na Majer », dans deux chansons : « Chazutz sui de mal en pena » (voy. les vv. 9, 31, 36, 61) et « Ges de disnar no for' oimais matis » (vv. 7, 8, 20, 27, 41). — Dès ce temps, c'est-à-dire dès 1182 au plus tard, il adressait ses hommages, en Limousin, à deux dames qu'il appelait « Bel Senhor » et « Bel Cembelis » car, dans la chanson citée « Ges de disnar » (vv. 9-16), il dit qu'elles devront chercher un autre chanteur, puisqu'il est retenu auprès de la plus belle au monde, la duchesse ; dans l'autre chanson normande « Chazutz sui » (vv. 17-21) il mentionne de la même façon « las tres de Torena », trois filles de Raimon II vicomte de Turenne, en Limousin ; on pourrait rapprocher ces deux allusions l'une de l'autre et y voir un indice que les sobriquets de « Bel Senhor » et de « Bel Cembelis » se rapportent précisément à deux sœurs de Turenne, ou bien au moins l'un d'eux à une des trois sœurs, mais on voit bien que l'indice est faible et la piste peut bien être tout à fait fausse. — Vers ce temps, un peu avant ou un peu après, en tout cas antérieurement à 1186, Bertran nomme la dame « Bel Senhor » dans la chanson-sirventès « Rassa, tan creis e mont' e poia » (v. 62). — Plus tard, vers 1185, Bertran salua, dans les chansons « Ai, Lemozis, francha terra cortesa » (vv. 1, 14) et « Cel que chamja bo per melhor » (vv. 11-12), l'arrivée de Guischarda de Beaujeu dans le Limousin, en donnant à cette dame, qui devint femme d'Archambaut de Comborn, le pseudonyme de « Mielhs-de-Be ». — C'est après cette date que se place la belle chanson « Domna puois de mi no·us chal », composée après l'arrivée de Guischarda qui y est nommée, c'est-à-dire après 1185 environ, toutefois peu de temps plus tard, car elle fut imitée par Elias de Barjols avant 1191 au plus tard. Outre la dame « Bel Senhor », en l'honneur de laquelle cette chanson est composée, Bertran y nomme et célèbre, développant le thème de la « domna soisseubuda », plusieurs autres dames : en premier lieu la belle « Cembelis » ; à côté d'elle une Hélis qui est sans doute une des trois sœurs de Turenne, car, s'il s'agissait d'une autre, le prénom seul n'aurait pu suffire pour la désigner ; ensuite la dame de Chalais qui était Guiborc de Montausier, femme d'Olivier de Chalais ; Agnès de Rochechouart ; une Audiart inconnue ; puis la dame « Mielhs-de-Be », c'est-à-dire Guischarda de Beaujeu, femme d'Archambaut de Comborn ; une Faidida, probablement de la famille de Peire Faidit, baron important, qui apparaît souvent dans les actes du vicomte de Turenne ; enfin une dame inconnue appelée « Bel-Miralh ». Puisqu'une des trois sœurs de Turenne, Hélis, est nommée dans cette chanson, on serait de nouveau tenté de voir sous les pseudonymes de « Bel Senhor » et de « Bel Cembelis » les deux autres, Contors l'aînée, femme de Helias de Comborn (frère aîné d'Archambaut, mari de Guischarda) et

Maria qui allait épouser Èble de Ventadorn : pure supposition qu'on ne saurait appuyer d'aucun argument vraiment convaincant. — La dame « Bel Senhor » est nommée par Bertran encore dans l'envoi du sirventès « Anc no·s puoc far maior anta » datant de 1189-90[1].

Le pseudonyme « Bel Senhor » n'a pas été employé par Bertran de Born seul. Plus souvent que lui, Giraut de Borneil célébra la dame « Bel Senhor », dans une quinzaine de chansons, contemporaines de celles de Bertran, car une d'elles (242,25) est de 1181, une autre (242,74) de 1189. De même, le pseudonyme « Mielhs de Be » se trouve dans deux chansons d'Arnaut Daniel (29,2 et 29,17) et dans une de Gaucelm Faidit (167,61). Tous ces troubadours vivaient et chantaient à la même époque, dans la même région, pour les mêmes

1. L'ordre des chansons amoureuses adopté dans les éditions de M. Thomas (Rassa — Ai, Lemozis — Ieu m'escondisc — Domna — Cel qui chamja — S'abrils — Ges de disnar — Chazutz sui) et de M. Stimming, 2e et 3e éd. (Rassa — Ai, Lemozis — Cel qui chamja — Ieu m'escondisc — Domna — S'abrils — Chazutz sui — Ges de disnar) ne s'accorde pas avec la chronologie. Il faut commencer par les deux chansons « Chazutz sui » et « Ges de disnar » composées pour la duchesse de Saxe (1182-3), les faire suivre des deux pièces saluant l'arrivée de Guischarda, « Ai, Lemozis » et « Cel que chamja » (vers 1185), après lesquelles se place la chanson « Domna » sur le thème de la « domna soisseubuda » (1185-1190), tandis que la pièce « Ieu m'escondisc » ne contient aucun élément de datation. Les chansons-sirventès « Rassa » (avant 1186) et « S'abrils » (s. d.) ne sont pas des chansons amoureuses et devraient être placées plutôt dans la section des poésies diverses, si l'ancien biographe ne les avait accompagnées de « razos » qui se rattachent à l'histoire amoureuse du troubadour.

cours. Il n'est pas possible que les pseudonymes identiques qu'ils emploient soient sans rapport : Bertran appelait « Bel Senhor » la même dame que Giraut de Borneil célébrait constamment sous ce nom, de même que le pseudonyme « Miels-de-Be » que Bertran donna à Guischarda fut repris par Arnaut Daniel et par Gaucelm Faidit pour désigner la même dame.

Voilà à quoi se réduit le tribut que Bertran de Born avait payé à l'amour dans ses chansons et dans ses relations avec les cours seigneuriales de la région. Il adressa quelquefois des hommages poétiques à quelques dames des plus en vue, que d'autres troubadours de ce temps ont célébrées, quelques-uns plus fréquemment, mais d'ordinaire moins ingénieusement, que lui. Ces jeux poétiques, conformes à la convention de la vie courtoise, ont été grossis par l'ancien biographe et transformés en toute une série d'aventures amoureuses.

APPENDICE

GÉNÉALOGIE DES COMTES DE PÉRIGORD

(IX-XIII s.)

La généalogie des comtes de Périgord, bien que dressée par plusieurs érudits dans des travaux et notices basées sur des recherches sérieuses, se démontre, à l'épreuve d'un examen serré, fort imparfaite, et il ne sera pas inutile de l'établir de nouveau, en remontant uniquement aux témoignages authentiques[1].

1. On trouve des généalogies complètes de la maison de Périgord dans les ouvrages suivants : Le Père Anselme, *Histoire généalogique et chronologique de la maison royale de France*, Paris, 1728, t. III, 71-2; *L'Art de vérifier les dates*, 3e édition, Paris, 1783-7, t. II (1784) p. 374 sq.; (Viton) de Saint-Allais, *Précis historique sur les comtes de Périgord*, Paris, 1836, in-4o de 97 et 22 pp.; De la Chataigneraye, *Fragments tirés d'un gros recueil*, Paris 1867 (on y trouve aux pp. 131-144 un article qui tend à mettre en doute la descendance de la famille de Talleyrand-Périgord des anciens comtes, mais les informations de l'auteur ne remontent qu'à l'*Art de vérifier les dates*); Léon Dessalles, *Histoire de Périgord*, Périgueux 1883-5, 3 vol. in-8o (éd. posthume du ms. inachevé de Dessalles, qui mourut en 1873, publiée par G. Escande); le comte de Mas-Latrie, *Trésor*

En mettant en regard de la table actuellement en vigueur une table rectifiée, à partir des origines jusqu'au milieu du XIIIe siècle, nous allons justifier cette dernière.

Charles le Chauve établit Wulgrin, son parent, comte de Périgord et d'Angoulême (866-886) ; Wulgrin laissa le Périgord à son fils Guillem (886-après 918) et l'Angoumois à son second fils Audoin (886-916) ; Guillem eut pour successeur, dans le Périgord, son fils Bernard (après 918-après 962), Audoin, dans l'Angoumois, le sien, Guillem Taillefer (916-962), mais, malgré cette division, il est dit qu'ils possédaient encore leurs terres en commun ; le partage définitif ne s'accomplit qu'après la mort de Guillem Taillefer (962) dont le fils, Arnaut, parvint à se maintenir au comté d'Angoulême contre

de chronologie, Paris 1889, col. 1659-60; Jean de Jaurgain, *Notice sur la maison de Talleyrand-Périgord*, Paris, 1891, in-4° (combat la thèse du marquis de la Chataigneraye, en se basant sur le mémoire de Saint-Allais que celui-ci n'a pas connu, cf. ci-dessous, p. 136, note). Pour compléter et rectifier ce qu'on trouve dans ces ouvrages il faut recourir aux documents, publiés dans plusieurs cartulaires et autres recueils, ou bien inédits. C'est surtout l'importante *Collection de Périgord*, au département des mss. de la Bibliothèque Nationale, qui est d'une grande utilité. Cette collection est formée des papiers de l'abbé Lespine, de Leydet et de Prunis qui ont tâché de réunir des documents historiques sur le Périgord en explorant, vers 1789, plusieurs dépôts d'archives ; elle se compose de 183 volumes mss., dont plusieurs contiennent des copies de documents sur l'époque qui nous intéresse ; cf. Ph. Lauer, *Bibl. Nat., Collections manuscrites sur l'histoire des Provinces de France, Inventaire*, Paris 1905-11, t. I, p. 23 et t. II, pp. 1-76. Les ouvrages mentionnés dans cette note seront cités dans la suite par les noms d'auteurs et la collection manuscrite de la Bibl. Nat. par l'abréviation : *Coll. Périg.*

le comte Bernard et ses fils, Arnaut, Guillem Talairan, Ramnulf et Richard; ils périrent tous sans laisser de postérité et c'est ainsi que la branche aînée des descendants de Wulgrin, celle qui possédait plus spécialement le Périgord, s'éteignit dans ses représentants mâles vers l'an 975[1].

Le comte Bernard eut cependant (outre une sœur Sancia, mariée à Aimar, comte de Poitiers et morte, bientôt après son mari, vers 926, sans postérité[2]) une autre sœur, Aïna, qui épousa Boson le Vieux, comte de la Marche; le comté de Périgord échut donc, par succession, à cette famille; et en réalité trois de leurs cinq fils, Helias, Audebert et Boso portèrent successivement, d'après les chroniques, le titre de comtes de Périgord[3]. Helias, fait prisonnier

1. Toutes ces données, noms, dates et faits, se trouvent dans la chronique d'Ademar de Chabanes, éd. Jules Chavanon, Paris 1897, livre III, ch. XIX, p. 137, ch. XX, p. 138, ch. XXIII, p. 144-5; voir aussi deux actes sans date de Bernard : « Bernardus gratia Dei comes Petragoricensis... consentiente uxore mea Garsinda » et « Bernardus Grandin petrocoricensis comes... consentiente uxore mea Garsinda » (*Coll. Perig.*, t. LXXVII p. 21 et 23); la date de 975 est celle à laquelle, après la mort d'Arnaut et de Guillem Talairan, fut tué Ramnulf, suivant le *Chronicon comitum et pontificum engolismensium* qui complète le récit d'Adémar de cette indication précise (Labbe, *Bibl. Nov. Mss.* t. II, p. 252); le seul survivant, Richardus Insipiens, fut expulsé par Arnaut, fils de Guillaume Taillefer; puis les conflits continuèrent entre celui-ci et les nouveaux seigneurs du Périgord de la maison de la Marche.

2. Voir sur Sancia la chronique d'Adémar de Chabanes III ch. XXIII, p. 143-5, le *Chron. com. et pont. Engolism.* dans Labbe, t. II, p. 252, et cf. A. Richard, *Histoire des comtes de Poitou*, t. I, Paris, 1903, p. 50 sq.

3. Pour le mariage de Boson avec Aina voir dans la suite de cette note les mentions relatives à Audebert, à Martin, ainsi que l'acte cité à la fin. — Helias : « Benedictus corepiscopus lemoviciensis... captus ab Helia Petragoricensi comite, oculis

par Guy, vicomte de Limoges, parvint à se délivrer et mourut bientôt après, probablement vers 985,

privatus est... Idem Helias cum fratre Aldeberto » (Adem. Chab. III, 25, p. 147); « Boso (sc. Vetulus) marcham ipsius possidens regionis... Elias Bosonis filius » (*Mirac. Sti Bened.* éd. Certain, Paris, 1858, p. 119.) — AUDEBERT : « Quibus temporibus Aldebertus comes supradictus Petragoricensis, filius Bosonis Vetuli ex sorore Bernardi supradicti (comitis Petragoricensis) nomine Emma » (Adem. Chab. III, 34, p. 156); « Hildebertus supra nominati Bosonis (comitis Marchiae) filius ex materni avi successione comitatum Petragoricensis urbis acceptus » (*Mirac. Sti Bened.* p. 147). — Boso : « Et surrexit pro eo (Aldeberto) Boso frater ejus » (Adem. Chab. III, 34, p. 156); « Is enim Boso (Marchiensis comes) ubi advertebat Principem unde agimus (Guillelmum Pictavensem) cuius dono, ope et auxilio ad comitatum proventus erat » (*Chronicon Sti Maxentii* éd. Labbe, *Bibl. Noviss. Mss.*, t. II, p. 227); « Postea defuncto Aldeberto, et Bosone fratre ejus principatum gerente ipsius » (Adem. Chab., notes de la première rédaction du IIIe livre, p. 205 et cf. XXV). — Les trois frères, appelés comtes, se retrouvent simultanément : «... dum obsessum esset castrum ejus (Guidonis vicecomitis Lemovicae)... a quinque comitibus... Comites fuerunt Willelmus dux, Arnaldus, Elias, Aldebertus, Boso » (Adem. Chab., notes citées ci-dessus : il s'agit de Guillaume de Poitiers, Arnaut d'Angoulême, et des trois comtes du Périgord et de la Marche). — GAUBERT : « Captoque in conflictu Gauzberto fratre Elia comitis... Gausbertus in ultionem Benedicti corepiscopi oculis dampnatus est » (Adem. Chab. III, 28, p. 149); cf. note 2 de la p. 105, acte de 998, où il est nommé, à côté de Boson, son frère, comme vivant à cette date. — MARTIN : « Post hunc (Froterium episc. Petrag. m. 991) in episcopatum successit Martinus... obiit autem A. D. millesimo... Martinus iste Bosonis Vetuli, comitis Petragoricensis et Marchiae, filius extitit, natus ex sorore Bernardi comitis Petragoricensis, Eyna nomine » (*Chron. Epis. Petrag.* éd. Labbe, *Bibl. N. Mss.*, t. II, p. 737-8). — Il faut enfin mentionner un acte de 987 par lequel Hugues, roi de France, confirme un privilége antérieur de Boson qui y est nommé avec sa femme et quatre de ses fils : « Ego Boso... cum uxore mea Agina vel filio meo Helia et familiari nostro nomine Humberto... cum consensu filiorum Hildeberti, Gosberti, seu Bosonis » (*Gal. Christ. Vetus*, t. III, p. 345 et cf. *Gal. Christ. Nova*, II, 519, ainsi que Henri Aubugeois de la ville du Bost, *Histoire du Dorat*, Paris, 1880, p. 199); cette charte était regardée à l'abbaye du Dorat comme acte de fondation et si cette confirma-

sans laisser d'enfants[1]. Audebert, retenu longtemps dans la prison du vicomte, épousa ensuite sa sœur et décéda avant 998, tué sous les murs de Gensac[2]. Boson fut empoisonné par sa femme après 1003[3].

tion solennelle par le roi est un faux, les éléments de la donation de Boson pourraient être exacts, mais il faut remarquer que tous les noms qui s'y trouvent peuvent avoir été tirés de la chronique d'Adémar de Chabanes (pour celui de Humbert même, voy. III, 45 p. 167).

1. « Idem Helias (comes Petragoricensis) cum Geraldo vicecomite (Lemovicensi) et filio ejus Widone commisso proelio victor extitit et postea cum fratre Aldeberto in deceptionem captus est a Widone et in castro Montiniaco in custodia conjectus, sed cum, suasu Willelmi ducis, oculis privandus esset propter supradictum corepiscopum, Deo propitio, de custodia evasit et non multo post in via Romae peregrinus in Dei opere periit » (Adem. Chab., III, 28 p. 149).

2. « Aldebertus vero frater ejus (Heliae) plurrimo tempore in turre civitatis Lemovicae custoditus, tandem solutus est, accepta in conjugio sorore Widonis vicecomitis, ex qua filium genuit Bernardum » (Adem. Chab., III, 28 p. 149); « Et Alberdetus... dum id ipsum (Gentiacum castrum) obsedisset et secundo destrueretur, et securus circum equitaret, ut jam victor, ictu sagittae mortuus et Sancto Carrofo conditus est » (Adem. Chab. III, 34, p. 156); il ne vivait plus en 998, date à laquelle il est mentionné comme mort, dans une charte de Boson en faveur de l'abbaye d'Uzerche : « Boso comes, pro remedio animae meae et pro remedio animarum genitoris et genitricis meae nec non et dilecti fratris mei Gauberti cuius desiderio et voluntate hujus privilegii tenorem stabilire decrevi... animae Ildeberti fratris mei memoria fiat pariterque patris et matris meae » (*Cartulaire d'Uzerche*, éd. J.-B. Champeval, Paris et Tulle 1901, nº 46, p. 78).

3. « Bosone interea comite veneficiis uxoris suae necato et Petragoricae sepulto » (Adem. Chab. III, 45 p. 167). La chronique de Saint-Maxent donne le nom de la comtesse, Adalmodis, et raconte longuement comment, après une défaite de Boson, elle tomba entre les mains du jeune duc d'Aquitaine, Guillaume, qui, repoussant les avances de la femme infidèle, la renvoya à sa mère Candida, mais, Boson étant mort bientôt après (le choniqueur favorable à la maison de Poitiers n'insiste pas sur le crime : « porro autem Boso paucis emensis diebus gravi in-

Audebert et Boson n'ayant laissé que des enfants mineurs, Guillaume, duc d'Aquitaine, en prit la tutelle et adjugea à Bernard, fils unique d'Audebert, le comté de la Marche, à Helias, fils aîné de Boson, le comté de Périgord, qui constitue désormais

commodo corruptus turpiter decessit »), le duc épousa Adalmode, (*Chron. Sti Maxentii*, éd. Labbe, *Bibl. Nov. Mss.*, II. 28). La veuve de Boson est donc identifiée, dans ce récit, avec Adalmode femme de Guillaume comte de Poitiers et duc d'Aquitaine, mais il faut dire que cette comtesse de Poitou est attestée, à côté de la comtesse mère, dans un acte de Guillaume de 1003, du vivant de Boson qui y est nommé lui aussi : « S. Villelmi ducis, Bosonis comitis, Pontii comitis, Emmae comitissae, Adelmodis comitissae » (*Cartulaire de Saint-Cyprien*, publ. dans les *Arch. hist. du Poitou*, 1874, t. III, n° 513). Adémar de Chabanes n'en dit rien et il ne faut pas oublier que la chronique de Saint-Maxent est une compilation rédigée vers le milieu du XIIe siècle seulement, ce qui diminue son autorité pour cette haute époque, d'autant plus que le passage en question est rempli de prophéties et autres éléments fantastiques. D'autre part, un interpolateur d'Adémar du XIIe siècle (rédaction C) ajouta au chap. 34 du IIIe livre d'Adémar les mots : « Tunc Willelmus, accepta in matrimonio Adalmode, conjuge suprascripti Aldeberti » qui ne se trouvent ni dans le texte d'Adémar ni dans ses notes de la première rédaction (voir p. 156 var. et p. 205). Dans cette version Adalmode devient veuve d'Audebert qui était marié, comme nous l'avons vu, avec une sœur du vicomte Guy de Limoges. M. R. de Lasteyrie, prenant l'interpolation pour le texte authentique d'Adémar, donne le nom d'Adalmode à une sœur de Guy dans son *Etude sur les comtes et vicomtes de Limoges ant. à l'an 1000*, Paris 1874, p. 85, ce qui passa ensuite dans de Mas-Latrie, col. 1626. M. A. Richard dans l'*Histoire des comtes de Poitou*, Paris 1903, I, 141-9, combine l'interpolation C, qu'il prend, lui aussi pour l'original, avec le récit de la chronique de Saint-Maxent, et regarde Adalmode comme seconde femme d'Audebert (avec C, qui l'aurait épousée après la mort de la sœur du vicomte Guy, car il la fait (avec la chronique de Saint-Maxent) fille de Candida qui était comtesse de Gevaudan et plus tard de Provence. On voit cependant que toutes les informations qui ne se trouvent pas dans Adémar, mais seulement dans des textes rédigés un siècle et demi plus tard, sont assez incertaines.

un domaine définitivement détaché des autres[1].

Helias II. — Helias, fils de Boson, qui était mineur à la mort de son père, devint donc comte de Périgord par la décision du duc d'Aquitaine, vers le commencement du XIe siècle, après 1003; il est nommé dans la confirmation d'un acte de Raoul, évêque de Périgueux, en janvier 1013, faite par son successeur Arnaut (1013-1036), au mois d'août de la même année sans doute; son nom se trouve aussi dans un bref du pape Jean datant de 1032-1033[2].

Boson III. — Les généalogies ignorent l'existence de Boson, mais elle est bien attestée. D'après Adémar de Chabanes, Helias II ne fut point le fils unique de Boson II, car il dit dans le passage cité ci-dessus : « tutor filiorum ejus » (voy. note 1). Le témoignage d'Adémar est dans ce cas d'une grande autorité, parce qu'il s'agit là de faits dont il fut contemporain († 1034) et cette information se trouve précisément dans le célèbre chapitre 45 du

1. « Bosone... Petragoricae sepulto et urbe ipsa a Willelmo duce capta, tutor filiorum ejus et nepotis fuit idem dux; et filio Bosonis Heliae concessa urbe Petragorica, Bernardo filio Hildeberti reddidit Marcham » (Adem. Chab. III, 45, p. 167); cf. pour Bernard un don à Saint-Étienne de Limoges fait entre 1004 et 1012 : « Sig. Bernardi filii Aldeberti comitis » (Bibl. Nat. *ms. lat.* 9193 de Dom Col., p. 100 et *Coll. Périg.*, t. LIII, p. 82); pour la postérité de Boson voir dans la suite.

2. Hélias II. — Vers 1013 : « Firmatum est hoc praeceptum II° non. Augusti ab Arnaldo praesule, congregationeque eius. Helia consul [e](*Coll. Périg.*, t. LXXVII, p. 41-2 d'après l'original parch. du chap. de Saint-Astier); pour 1032-3 : « Joannes episcopus... necnon Heliae Petragoricae urbis degenti » (*Cartulaire de Saint-Jean-d'Angély*, publ. dans les *Arch. hist. de la Saintonge*, t. XXX, p. 32 et cf. *Coll. Périg.*, t. LXXVII, p. 44).

IIIe livre, où Adémar donne des renseignements sur lui-même et sur sa famille. Or, ce témoignage s'accorde bien avec d'autres documents qui prouvent que ce ne fut pas Helias qui a laissé des successeurs, comme le croient tous les auteurs cités, mais son frère, nommé Boson, comme le père. Ceci résulte de trois actes concernant le monastère de Saint-Silvain qui appartenait à l'abbaye de Notre-Dame de Saintonge. Dans le premier, rédigé entre 1076 et 1081, Helias IV comte de Périgord, accompagné de sa mère, parle de son père Audebert et de son grand-père Boson, qui fit bâtir le couvent de Saint-Silvain ; dans le second, Helias IV nomme comme fondateurs du monastère son père Audebert et les deux frères dont celui-ci fut héritier, Helias et Boson, ce qui peut signifier, comme l'indique le premier document, que Boson III fit sa donation du vivant du comte Helias II, son frère, et avec son consentement ; enfin, dans un troisième acte, qui était émis bientôt après 1076 par Guillaume Ier, évêque de Périgueux (1059-1081), et qui est résumé par son successeur Guillaume III en 1131, il était dit que cette donation de Saint-Silvain avait été faite par Boson, comte de Périgord, et par Audebert, son fils. Ces trois actes prouvent l'existence de Boson III et font rattacher la lignée des comtes de Périgord non à Helias II qui ne laissa pas de postérité mais bien à Boson III. Il est vrai qu'une chronique des évêques de Périgueux, mentionnant Audebert II, dit qu'il était fils de Helias, dans le passage cité ci-dessous (page 111, note). Mais cette chronique n'a été rédigée que vers 1180 et, si ses informations sur la chronologie des évêques reposent sur des sources sérieuses, elle n'a pas la même autorité pour d'autres détails (cf. *Gal. Christ.* II, 1458), comme dans notre cas, où le nom du père d'Audebert paraît être simplement tiré du nom de la monnaie « heliannensis » dont il y est question. Il n'est guère possible d'attribuer à cette chronique tardive une autorité plus grande qu'à des actes du petit-fils de Boson, qui devait connaître le nom de son aïeul, connu à plus forte raison par sa mère, qui assistait à la rédaction d'un de ces actes[1].

1. Boson III. — Les trois actes de Saint-Silvain (auj. La Mongie-Saint-Martin, com. et cant. de Sigoulès, arr. de Bergerac, en Dordogne) concernant Boson se trouvent au *Cartulaire de l'abbaye de Notre-Dame de Saintes* (éd. Th. Grasilier, *Cart. inéd. de la Saintonge*, Niort, 1871, t. II) : nº 21., p. 28 : «... Petragoricae dux civitatis, Dei gratia, nomine Boso, cenobium in honore beatissimae Virginis Mariae et sancti Silvani, pro delictis suis parentumque suorum studuit fundare... Deinde ejus successor necnon et filius, Aldebertus, prout potuit curare, curavit. Tertio namque supradicti filio regnante, Helia... Postea, matre favente (Helias) donavit... » (sans date, mais du temps du pape Grégoire 1073-1085, et, entre autres, des évêques Boson de Saintes, 1066-1082, et Guillaume de Périgueux, 1059-1081, ce qui nous permet de renfermer la date entre 1073 et 1081, ou plus exactement entre 1076 et 1081, car cet acte fut précédé par celui qui suit en troisième place et qui est postérieur à 1076); — nº 181, p. 120-1 : «... Petragoricenses comites, Helias et Boso frater ejus, dederunt Beatae Mariae atque sancto Silvano quicquid possidebant vel habebant sive in villa sive in parochia sancti Silvani... Post multum vero temporis Aldebertus, supradictorum comitum heres, posuit... Helias comes... filius Aldeberti praedicti... emendavit quod pater ejus commisit... Haec autem donacio et concessio facta est... a domino Helia supradicto » (sans date, mais, comme on voit, du temps de Helias IV); — nº 22, p. 29 : « Ego Willelmus sedis Petragoricae humilis episcopus...

Ce fut donc Boson III, le cadet, et non pas son frère aîné, le comte Helias II, qui, sans chercher une femme de maison princière, épousa Aïna, fille du seigneur de Montignac et de la dame de Grignols, que nous verrons attestée avec ses fils, Helias et Audebert, successeurs de Boson III; l'affirmation des généalogies qui parlent d'un troisième frère, Eudes, repose sur une erreur; mais il semble bien que Boson III et Aïna avaient une fille qui portait le même nom que la mère, Aïna, et qui épousa Gausfred de Poitou, devenu plus tard comte[1].

deprehendi quod Wuillelmus qui quartus ante me urbis Petragoricae episcopatum regebat, concedentibus ac laudantibus Goscelino Burdegalensi archiepiscopo, Amato Oleronensi episcopo ac sanctae sedis apostolicae legato, Bosone Xanctonensi, Isemberto Pictavensi, Aimaro Engolismensi episcopis, dono et concessu Bosonis Petragoricensis comitis, ac filii sui Audeberti, ecclesiam sancti Silvani cum appendiciis suis ecclesiae beatissimae Marie Xanctonensi et Arsendi abbatissae ejusdem loci donavit... Factum est autem hoc anno incarn. verbi 1131... » (la date de cette sentence rappelée en 1131 résulte des mentions d'Ademar év. d'Angoulême, 1076-1101 et de Guillaume, év. de Périgueux, 1059-1081, qui la renferment entre 1076 et 1081). — Voir sur ces actes l'article de Helias IV à la p. 113 sq.

1. Pour Aïna, femme de Boson III, voy. sous Helias III et l'acte de 1072 sous Audebert II. Elle était, d'après l'acte de 1072, fille du seigneur de Montignac et d'une dame de Grignols. C'est donc elle, sans doute, qui aporta ce dernier domaine aux comtes de Périgord. Un Boso de Granolio, probablement un descendant direct de cette famille, est seigneur à Neuvic, non loin de Grignols, d'après un acte de 1099 cité plus bas dans l'article de Helias IV. Aux XIIe et XIIIe siècles la terre de Grignols passa à des branches cadettes des comtes de Périgord qui en sont apanagées (cf. Boson IV et Helias VII). — Eudes figure dans toutes les généalogies à partir de celle du P. Anselme; on se base sur une charte en faveur de l'abbaye de Tulle (« ego Odo comes consentiente fratre meo Aldeberto ») qui montre qu'il prenait, lui aussi, le titre de comte; mais en réalité il s'agit dans cet acte d'Eudes et d'Audebert, comtes de la Marche après

Helias III. — Ce comte, fils aîné de Boson III, n'est pas connu dans les généalogies, mais son existence paraît attestée par un acte, dans lequel il porte le titre de comte et figure avec sa mère Aïna et avec son frère Audebert, qui est nommé après lui et sans ce titre, ce qui indique qu'il succéda bien à son père, mais décéda bientôt sans postérité, laissant le comté à son frère[1].

Audebert II. — Audebert était comte à l'époque de l'évêque Géraud de Gourdon (1037-1059) avec

1100 (*Cartulaire des abb. de Tulle et de Rocamadour*, publ. par Champeval, Brive 1906, p. 205 nº 351). — Sur Aina femme de Geofroy de Poitou nous avons deux témoignages. Dans une charte de 1043 en faveur de l'abbaye de Sainte Croix de Bordeaux, elle se nomme : « Ego Ama [lis. Aina] comitissa Burdegalensis, seu Petragoricae patriae » (*Gal. Christ.* II, instr. 269 et *Cartulaire de l'abb. Sainte-Croix de Bordeaux*, publié dans les *Archives hist. de la Gironde*, 1892, t. XXVII, p. 109). Ce titre de comtesse du Bordelais, avec un rappel du Périgord comme pays d'origine, répond bien à un passage de la chronique de Saint-Maxent qui dit que Gausfred exerçait le pouvoir du comte de Gascogne, tandis que son frère était duc d'Aquitaine (« alterum in Gasconia transmissum et comitem factum ») et ajoute : « Habuit Gaufredus illuc uxorem suam, Audeberti comitis Petragoricae filiam, quam postea reliquit causa parentelae » (Labbé, *Bibl. Nov. Mss.* t. II, p. 208). Puisque Audebert, dont le père était mineur vers 1005, ne pouvait avoir une fille nubile vers 1040, il s'agit évidemment d'une erreur (fille au lieu de sœur) qui ne saurait surprendre dans cette chronique du XIIe siècle. M. A. Richard, qui parle d'Aïna dans son *Histoire des comtes de Poitou*, a tort de la regarder comme « la veuve d'Audebert II comte de Périgord » (I, 268 sq.) et les informations qu'il y donne sur les comtes de Périgord à cette époque (p. 269, n. 2) sont erronées.

1. Helias III. — Le seul document qui l'atteste est sans date, mais il doit être placé vers 1040 ou 1050 : « Aïna Petragoricensis comitissa et Helias comes et Aldebertus filii ejus dederunt Beatae Mariae atque Sancto Silvano in donum terram quae dicitur Aldrulet » (*Cartulaire de N.-D. Saintes*, éd. citée de Grasilier, nº 176, p. 119).

lequel il eut des démêlés ; en 1072 il consentit à un don de sa mère Aïna; il ne vivait plus en 1073, comme le montre un acte de cette date, dans lequel son fils est déjà comte; sa femme, Ascelina, qui est nommée dans le même acte, lui donna deux fils : Helias et Audebert qui suivent[1].

1. Audebert II. — On lit dans une chronique de Périgueux : « Giraldus de Gordonio episcopus... (m. 1059)... alienavit castrum Agoniacum et Albam Rocam pro quadam guerra, quam adversus Audebertum Cadenararium comitem habuit : deposuerat enim monetam Helianensem quam Helias comes pater ejusdem Audeberti jusserat fabricari » (*De Petrag. Episcopis*, éd. Labbé *Bibl. N. Mss.*, t. II, 738 : « pater » est une erreur pour « frater » s'il s'agit de Helias III ou bien « patruus » s'il s'agit de Helias II). — Pour 1072 : « Ego Aina comitissa... cum consilio et voluntate filii mei Aldeberti... pro redemptione animae patris mei Geraldi de Montinac vel animae matris meae Noniae de Granol... auctores huius doni sunt ipsa Aina comitissa et Aldebertus filius ejus... anno inc. ver. 1072... » (*Cartulaire d'Uzerche*, éd. de Champeval, n° 455, p. 255 et cf. Saint-Allais, p. 13). — Voir les actes cités à la p. 108, n. 1, où il est nommé avec son père et son fils. — Pour sa femme, Ascelina, voir ci-dessous les actes de son fils Helias IV de 1073 et de 1076-81. Les généalogies prétendent qu'elle était de la maison de Grignols et que c'était elle qui apporta ce domaine aux comtes de Périgord, mais aucun document ne le prouve et, d'autre part, la terre de Grignols paraît avoir été l'héritage d'Aïna (cf. p. 109, n. 1). Quant à Ascelina on serait plutôt porté à l'identifier avec « Ascelina comitissa de Salignac » qui paraît avoir été la principale bienfaitrice du monastère de Bénevent. Cette maison fut fondée vers le dernier quart du XIe siècle (*Gal. Christ.*, t. II, instr. 198). Un cartulaire en a été transcrit par Gaignières (Bibl. Nat., *ms. lat.* 17116). On y relève des mentions que voici : « Guido Lemovicensis Epus [1073-1086] et comitissa de Salaniaco Ascelina et proceres de Salaniaco constituerunt feriam apud Beneven in festo S. Bartolomei... testes Umbertus prior » (p. 72-3); « Ascelina comitissa de Salaniac dedit mansum... », « Ascelina comitissa cum veniret ad confessionem dedit... magistro Umberto... », « Elias vicecomes de Salaniaco dedit... magistro Umberto... » (p. 71); « Ascelina comitissa dedit quod habebat in terra S. Hilarii teste mgro Umberto » (p. 78); « Ascelina comitissa de Salaniaco dedit Petrum de Salaniaco in die qua sacravit eum

Helias IV. — Après la donation de 1072, dans laquelle est nommé son père, et avant le 9 juillet 1073, au temps d'Itier, évêque de Limoges qui mourut à cette dernière date, le comte Helias assiste avec sa mère Ascelina à une transaction en faveur de l'église de Saint-Étienne de Limoges concernant une terre dans le Périgord ; plus tard, au temps de l'évêque Guy, après 1073 et avant 1085, il confirme, avec sa mère, une autre donation à la même église ; c'est entre 1076 et 1081 que se place son conflit et sa réconciliation avec le monastère de Saint-Silvain des religieuses de Notre-Dame de Saintes, dont il était question dans l'article de Boson, son grand-père : Helias donna ou vendit l'église de Saint-Silvain aux moines de Paunat soumis à Saint-Martial de Limoges et en expulsa les religieuses, et c'est alors

clericum... Guido Lemovicensis Epus in capitulo Beneventano et concessit » (p. 116) ; « Ascelina comitissa de Salaniaco dedit... teste Ramnulpho de Sarzet, Elia filio ejus, ipse Elias vicecomes... » (p. 130) ; « Helias nepos comitissae concessit omnem terram et homines et feminas quos dederat et datura erat, teste nigro Humberto » (p. 73) ; « Audebertus de Rocacavardi dedit quaecumque Ascelina comitissa, Elias filius ejus, Elias et Guillelmus nepotes ejus, et Alpaidis mater ipsius Audeberti... nonis aprilis apud Salaniacum ante domum Gerardi Malafaydi anno ab Incarn. Dom. MCXXII... » (p. 73 et cf. p. 130 : « Alpaidis de Rocacavarto, Aimericus filius ejus... »). Le titre de comtesse ne pouvait pas venir à Ascelina du domaine de Salignac. Elle doit avoir été soit fille d'un comte et veuve du seigneur de Salignac, soit fille du seigneur de Salignac et veuve d'un comte. Dans cette dernière alternative les noms de son fils Helias et de ses petits fils Helias et Guillem (elle avait encore une fille Alpaïs mariée au seigneur de Rochechouart et mère d'Aimeri et d'Audebert), conviendraient pour Ascelina veuve du comte de Périgord Audebert II, mère de Helias IV, et grand'mère de Guillem Talairan et de Helias Rudel.

que l'évêque Guillaume rappela dans sa sentence, postérieure à 1076 et antérieure à 1081, la donation de Boson et d'Audebert et confirma les droits des religieuses (n° 22 du cartulaire), après quoi Helias, sur les instances de sa mère, reconnut cette donation (n° 21) et en outre il révoqua les héritiers d'un vicaire que son père y avait établi (n° 181) ; en 1080, il soumit l'abbaye de Brantôme à celle de La Chaise-Dieu; en 1081 il intervint dans un acte d'Alquier de Mussidan concernant l'abbaye de Saint-Florent de Saumur ; en 1099 il est mentionné, avec le titre de consul, dans un acte de Raynaud, évêque de Périgueux en faveur du chapitre de Saint-Astier ; enfin le 24 octobre 1101 son nom se trouve dans la sentence de Pierre, évêque de Limoges, au sujet d'un différend entre les chanoines de Saint-Astier et l'abbaye de Baigne ; il mourut avant 1104, laissant de sa femme, dont le nom est inconnu, mais qu'une chronique appelle Vasconia, deux fils : Guillem Talairan et Helias Rudel[1].

1. Helias IV. — 1073 : « Huius rei testes sunt... de alia quoque ecclesia... Helias comes et mater ejus Ascelina... Sign. Hicterius presul Lemovicensis... » (*Coll. Périg.*, t. LIII, p. 131, copie du cartulaire de Saint-Étienne, Limoges) ; — après 1073 et avant 1085 : «... districtores praeterea dederunt, qui se ad hoc submiserunt, Heliam comitem et matrem ejus... 6 idus novembris apud sacram sedem Lemovicae urbis, in praesentia Domini Episcopi Guidonis [1073-86] et totius synodi, sub papa Aldebrando [Hildebrand, ou Grégoire VII, 1073-85], rege Philippo, ducque nostro Guillelmo, vicecomite Ademaro » (*Coll. Périg.*, t. LIII, p. 130 copie du même cartulaire) ; — 1076-1081 : la charte de la donation de l'église de Saint-Silvain par le comte Helias à l'abbaye de Paunat est mentionnée par Dessalles, t. I, p. 237 et 257 d'après le t. V des mss. de Dom Fon-

Après Helias IV le pouvoir comtal ne passe pas à ses fils, Guillem et Helias, seuls, mais, au contraire, ceux-ci le partagent avec Audebert, frère de Helias IV, qui prit le titre de comte après lui, et ensuite avec Boson, fils d'Audebert, et c'est ainsi que, pendant un demi-siècle, on voit presque toujours deux comtes associés[1].

Audebert III seul et avec Guillem Talairan. — En 1104, dans un acte en faveur de l'abbaye d'Uzerche, Audebert porte le titre de comte de Périgord et

teneau à la Bibliothèque de Poitiers et pour les trois autres actes voir l'article de Boson, III, p. 108, n. 1, ainsi que, pour la suite de cette affaire, cf. l'article de Guillem Talairan, p. 118, n. 1 : — 1080 : « Ego Helias comes Petragoricersium... consilio domini Guillelmi de Monte Berulpho Petragonicae sedis episcopi [+ févr. 1081]... Siguino abbati Case Dei... anno incarn. Dominicae MLXXX... » (*Coll. Perig.*, t. LIII, p. 66); — 1081 : «... cum voluntate et auctoritate Villelmi Petrag. episcopi et Heliae comitis... cum praefatus episcopus Villelmus et Helias comes eidem Alquerio dicerent... anno ab incar. Dom. MLXXXI... » (Martène, *Thesaur. Nov. Anecd.*, t. I, p. 243); — 1099 : « Ego Rainaldus Dei gr. Petrag. episcopus... adquiescente Bosone de Grainol cujus dominationi seculari lege naturalitas Novicensis supplicabat ecclesiae... Eo anno quo disposuimus ire Jherosolimam, Paschali secundo Romano pontifice... Helia Petragoricensium consule... anno MXCVIIII... » (*Coll. Périg.*, t. LIII, p. 135 et cf. Saint-Allais, p. 14-5); — 1101 : « Anno Millesimo CI feria VII, VII kal. novembris... anno III Paschalis Papae, regnante Philippo rege, Helia Petragoricensium consule » (*Coll. Périg.*, t. LIII, p. 136, copie des arch. du chapitre de Saint-Astier). — Pour sa femme voir l'article de Helias Rudel son fils.

1. En comparant les deux tables généalogiques, on voit qu'à partir de Helias III, inconnu à nos devanciers, et Audebert II, confondu avec Audebert III en un seul personnage, (par conséquent une génération y manque complètement), la table de l'Art, de Saint-Allais et de Mas-Latrie devient très erronée à l'époque des partages du pouvoir comtal; Dessalles a bien vu l'erreur (t. I, 238 et cf. la note aux p. 244-6).

(Guillem) Talairan, qui ne porte pas ce titre, y est dit son neveu, de même que dans l'acte qui suit, ce qui montre la filiation ; dans un acte sans date, Audebert, comte de Périgord, concède une donation à l'abbaye de Chancellade et Guillem Talairan, son neveu, s'y rallie ; le 14 juillet 1109, Audebert comte de Périgord figure seul dans une charte de l'abbaye d'Uzerche ; en 1109 un acte de Guillaume, évêque de Périgueux, nomme Guillem Talairan et Audebert consuls ; dans un acte sans date, en faveur du monastère de Saint-Silvain, Audebert et Guillem Talairan, nommés tous les deux consuls de Périgord, confirment les dons de leurs pères et d'une dame Garsenda moyennant certaines sommes d'argent payées au comte (Audebert) et à la comtesse (sa femme) ; en 1115, dans l'acte de fondation de l'abbaye de Cadoin, Audebert est nommé comte, Guillem Talairan consul, et auprès de ce dernier figure Rudel, son frère ; après 1115 Guillem Talairan, dont le nom se trouve encore dans quelques notices non datées de l'hôpital de Saint-Jean, est remplacé dans les actes par Helias Rudel son frère : ce n'est qu'une mention posthume par laquelle Guillem, évêque de Périgueux, rappelle en 1131 que le comte Guillem (imitant un acte pareil de son père, qui revint ensuite sur sa décision) vendit l'église de Saint-Silvain aux moines de Saint-Martial de Limoges, et nous verrons son fils Helias Talairan réparer, à la même date, cette injustice[1].

1. Audebert III seul et avec Guillem Talairan. — 1104 : « concesserunt Aldebertus comes et Talerandus nepos ejus »

Les fils de Guillem Talairan. — Ce comte, mourant en 1115-6, laissa deux fils, inconnus à nos gé-

(*Cartulaire d'Uzerche*, éd. citée de Champeval, nº 33, p. 66 et cf. nºs 21 et 1055); — s. d. : « Aldebertus comes concessit... quod et Guillelmus Talairandus nepos ejus similiter concessit » (*Coll. Périg.*, t. LIII, p. 147); — 14 juil. 1109 : « venerabilis Petragoricensium Ildebertus comes » (*Cartulaire d'Uzerche*, nº 517, p. 280); — 1109 : « Willelmo Talairandi et Aldeberto consulibus » (*Coll. Périg.* t. LIII, p. 143 et 144); — s. d. : « Aldebertus consul Petragoric. et Willelmus Talairandus consul Petragoric. dederant terram quam suus pater [sc. Aldeberti] donaverat... et Dna Garsenda donaverat... et aderementa quae Helias consul Petragoricus [père de Guil. Tal.] fecit... et illae (moniales) fecerunt charitatem ducentos solidos ad comitem et triginta ad comitissam. S. Aldeberti, S. Willelmi » (*Cartulaire de N.-D. de Saintes*, éd., citée de Grasilier, nº 132, p. 103 et cf., *ibid.*, nº 139, p. 105 un autre acte sans date « vidente et audiente Audeberto comite »); — 1115 : « Eadem dona concessit Aldebertus comes petragoricensis... Confirmavit Guillelmus Talerandus consul Petragoricensis, testibus Rudello fratre suo... Rudellus concessit » (D'Achery, *Spicilegium*, t. III, p. 474; dans cet acte Guillem Talairan confirma, entre autres, une donation d'Algerius de Moyssidano et c'est sur cette mention que se base une notice des mss. de Gaignières : « dono et adjutorio Guillermi Tallerandi » que la *Coll. Périg.*, t. XLVII, art. de la ville de Mussidan, p. 74, rapporte à tort à Guillem Talairan de la fin du xe siècle); — s. d., dons à l'hôpital de Saint-Jean de Jerusalem prov. de Périgord : « W. Talairans comes dedit... in bordaria quae vocatur Tonellaria » et « Talairandus comes dedit... juxta Baon » (*Coll. Périg.*. t. LIII, p. 153, 158 et t. LXXVII, p. 113, cf. Delaville le Roulx, *Cartulaire gén. de l'ordre des Hosp. de Saint-Jean de Jérus.*, Paris 1894-1906, t. I, p. 75, corr. la date); — mention posthume de 1131 : « Hanc vero ecclesiam (S. Silvani) abbatisse et sanctimoniales Xanctonienses firma et tranquilla pace per longa temporum spacia usque ad tempus Willelmi Petragoricensis comitis possederunt, qui Willelmus, diaboli instinctu, monachis Sancti Martialis Lemovicensis Ecclesiae praefatam Sancti Silvani ecclesiam pro mille solidis vendidit et insuper, ad augmentum nequitiae suae, armata manu ecclesiam ingressus, ancillas Christi inde violenter expulit » (*Cartulaire N. D. de Saintes*, éd. citée de Grasilier nº 22, p. 29; cf. l'article de son père, p. 113 et celui de son fils, p. 118).

néalogies, mais bien attestés : Helias Talairan et son frère dont on ignore le nom. Mais, évincés par les deux autres branches, ils ne réussirent pas à exercer le pouvoir comtal qui leur appartenait bien par droit d'aînesse. Vers 1120, Helias Talairan et son frère assistèrent à la lecture solennelle, faite le jour de Pâques, d'une charte de Guillaume VII, comte de Poitou et duc d'Aquitaine (le troubadour), en faveur de la Sauve Majeure, ce qui est constaté dans une notice, rapportant la confirmation du privilège en question par Guillaume VIII en 1129. Plus tard, en 1131, Helias Talairan, neveu de Rudel comte de Périgord, avec sa femme, la comtesse Philippa, se conformant à la sentence de l'évêque Guillaume de la même année, citée ci-dessus dans l'article de Guillem Talairan, règlent l'affaire de l'église de Saint-Silvain. On remarque que, dans ce dernier acte, seule la femme de Helias Talairan est appelée comtesse, tandis que lui-même ne prend point le titre de comte qu'il donne à son oncle, ce qui prouve que ce titre venait à la comtesse Philippa par sa famille : les maisons comtales de la région n'étant pas très nombreuses, on pourrait la regarder, avec beaucoup de vraisemblance, semble-t-il, comme fille de Guillaume VII de Poitiers, le troubadour, et de Philippa de Toulouse, qui avaient cinq filles, nées vers 1100 et nubiles vers 1120, dont on connaît une seule, Agnès, mariée avant 1117 à Aimery, vicomte de Thouars, tandis qu'on ignore les noms et le sort de ses quatre sœurs, dont une pouvait bien porter le même nom que sa mère[1].

Audebert III et Helias V Rudel. — Du vivant de

1. Les enfants de Guillem Talairan. — Vers 1120 (charte de la Sauve entre Deux Mers appelée aussi Sauve Majeure) : « In tempore Gaufridi abbatis congregata multitudine Baronum ac Principum, in die sanctae solemnis Paschae, fuit recitata in communi audientia scriptura de salvitate, quomodo eam confirmaverat Guillelmus Aquitaniae Dux et Pictavensis comes cum baronibus illius temporis. Lecta vero carta in processione, praesentes barones ac principes, quidquid antecessores firmiter stabilierant, laudaverunt et ratum permanere in perpetuum decreverant. Et ut hoc inviolabiter observarent, secundum tenorem praescriptae paginae, super IV Evangelia jurejurando firmaverunt, praesente abbate Sylvae Majoris praedicto, cum monachis suis. Juravit hoc Guillelmus Amanevi, vicecomes de Bazaumes et Elyas Talayrand cum fratre suo et Raymundus vicecomes de Torena, et Amanevus de Lebred, filius Bernardi Ezii et Arnaldus de Bouvilla... Non multo post Willemus comes, filius supradicti ducis Aquitaniae, qui etiam apud Sanctum Jacobum obiit, II° anno post mortem patris sui Sylvam venit et in praesentia Arnaldi Burdigalensis archiepiscopi et Aldeberti Agennensis episcopi et Gaufridi Basatensis episcopi, quod pater jure jurando firmaverat, conventu in Albis residente, in solemnitate Paschali, tota baronum praesente curia, tenendum perpetuo stabilivit et ne quisquam huic tam validae affirmationi auderet contradicere, illudque quod fecerat ut firmius teneretur, hoc signum confirmationis in carta de salvitate manu sua conscripsit, aliudque Geraldo comiti de Armaniac facere mandavit » (Bibl. Nat. *ms. lat.* 12771, faisant partie d'un recueil de Dom Cl. Estiennot *Fragm. Hist. Aquit.*, fol. 211-3, copie de notre document ex Tabulario Sylvae Majoris ; ibid. ms. lat. 9196 de Dom Col, autre copie de la première partie seule, *Coll. Périg.* t. 77, p. 125 copie d'après Estiennot). On voit que cette notice du cartulaire de la Sauve, transcrite après 1137, car elle intercale une mention de la mort de Guillaume VIII à Compostelle, reproduit et résume un privilège de Guillaume VII et une confirmation de ce privilège par son fils, Guillaume VIII, deux ans après la mort du père, en 1129. Quant à la lecture solennelle du premier privilège, à laquelle assista Helias Talairan avec son frère, elle se place soit au temps de l'abbé Géraud II (1121-1126) soit dans les dernières années de Géraud I (1107-1118). Il faut dire que Géraud II devint évêque de Bazas en 1127 et il est nommé comme tel par la notice sans qu'on dise que ce soit le même personnage que l'abbé nommé au

Guillem Talairan, dans l'acte cité de 1115, Rudel est dit son frère et ne porte pas encore le titre de comte; en 1116, Audebert et Rudel sont tous les deux appelés comtes ou consuls dans deux actes de l'abbaye de Cadoin et dans un troisième du chapitre de Saint-Astier; le 17 septembre 1116 un don du comte Audebert à l'hospice de Saint-Jean de Jérusalem est fait en présence de Helias consul, c'est-à-dire de Helias Rudel, car nous verrons par d'autres témoignages que tel était bien son nom de baptême; enfin, le 25 septembre 1116, le comte Audebert fait un don aux religieux de Cadoin,

début, ce qui paraît parler en faveur de Géraud I. Ce dernier obtint de Guillaume VII, à Bordeaux, le 2 juin 1116, un privilège « de salvitate » en faveur de la Sauve au sujet de l'église de Bougues (« do Bogam ac quaecumque mea sunt vel intus vel foris, quae pertinent ad illam, jus comitale, salvitatem, quoscumque redditus, onnem meam dominationem trado ») et ce privilège fut confirmé plus tard par son fils (voy. les deux actes dans les *Arch. hist. de la Gironde* 1870, t. XII, pp. 317 et 319). — En 1131 (acte au sujet de Saint-Silvain) : «... Helias Talairandus qui princeps erat terrae illius ubi ecclesia est... donum quod pater suus et alii comites antecessores sui Ecclesiae B. Mariae ...concessit, et propria manu subscribendo confirmavit ipse et uxor sua Philippa in manu dominae Agnetis monachae... Sig. Heliae Talairandi, sig. comitissae Philippae uxoris suae... Haec autem facta sunt in anno Dom. MCXXXI, luna XVIII, regnante Lodovico Francorum rege, Willelmo duce Aquitaniae, Rudello comite in Petragorico, Helia Talairando nepote suo, Willelmo Petragoricensi episcopo » (*Cartulaire de l'abb. de N. D. de Saintes* éd. citée de Grasilier nº 23, p. 30 et cf. *Gallia Christ.* (*Vetus*), P. 1656, t. III, 857-8). — Sur les filles de Guillaume VII de Poitiers on a le témoignage suivant : « 1099. Willelmo comiti natus est filius aequivoce Guillelmus vocatus; ex supradicta conjuge (Philippa) habuit quoque quinque filias quarum unam desponsavit vicecomiti Toarcensi » (*Chronicon S. Maxentii* éd. Labbe II, 216 et éd. P. Marchegay et E. Mabille, *Chroniques des égl. d'Anjou*, t. II, P. 1869, p. 419, cf. A. Richard, *Hist. des comtes de Poitou* I, 422 et 495).

confirmé par Rudel son neveu et son associé du consulat, qui renouvelle la confirmation après la mort de son oncle; après 1116 le comte Audebert disparaît : décédé vers la fin de 1116 ou en 1117, il laissa trois fils, Boson, Audebert et Raimon, dont les deux premiers apparaîtront dès 1135, assistés de leur mère que nous avons vue à côté d'Audebert dans l'acte de Saint-Silvain[1].

Helias V Rudel seul. — Rudel, comte, est attesté seul dès 1117, dans un acte de l'évêque Guillaume en faveur de l'abbaye de Saint-Cybar d'Angoulême; R. consul de Périgord figure dans un acte de 1123; Rudel, comte, fait un don à l'abbaye de Chancellade par un acte sans date et est mentionné dans un acte, également non daté, de l'abbaye de Saintes; en 1131, Rudel est dit comte de Périgord dans un acte de Helias Talairan, son neveu; au temps de l'évêque Guillaume de Nanclars (1124-1138) sa mère dé-

1. Audebert III et Helias V Rudel. — 1115 : voy. p. 117, note; 1116 : « Aldeberto et Rudello consulibus » dans deux actes de Cadoin, et dans celui d'Astier « Aldeberto et Rudello petragoric. comitibus » (Bibl. Nat. *ms. lat.* 9196, p. 484-5 et *Coll. Périg.* t. 53, pp. 154, 156, 157); — 16 sept. 1116 : « Aldebertus comes... testibus... et Helia consule. Haec autem facta sunt XV Kal. octobris an. ab i. Dom. MCXVI » (*Coll. Pér.* LIII, p. 153; et Delaville Le Roulx, *Cart. général de l'ordre des Hosp. de S. Jean de Jérusalem*, Paris 1899-1906, t. I, p. 35); — 25 sept. 1116 : « Ego Aldebertus comes Petragoricensis... dono... locum in silva de Malafaia... hoc donum... confirmat Rudellus nepos meus, de consultatu particeps » et une addition : « item R. comes post mortem avunculi sui donum de Malafaia confirmavit quod antea dederat » (*Coll. Périg.* t. LIII, pp. 160-1 et t. 77, p. 112). — Sur les enfants d'Audebert III, voy. ci-dessous l'article de Boson IV, où les deux autres fils sont mentionnés dans les actes de 1135 et de 1153.

clara publiquement qu'il n'était point fils du comte Helias, mais bâtard[1].

Boson et Rudel. — Les fils d'Audebert III commencèrent par être seigneurs de leurs apanages, Granhol (Grignols) et Poiguillem, sans être comtes de Périgord, comme l'indique un acte de 1135 par lequel Boson, appelé comte de Grignols, étant dans ce château, avec sa mère et sa femme, Comtors, fait un don à l'abbaye de Cadoin, et par lequel son frère Audebert, dit comte de Poiguillem (château-fort important qui est mentionné avec l'autre, Granhol, par Bertran de Born dans le sirventès « Pois Ventadorns » au v. 9), se trouvant à l'église de Manbos, confirme cette donation. Mais en 1144, d'après un acte de Raimon, évêque de Périgueux, en faveur de Saint-Astier, Boson est nommé à côté de Rudel, avec lequel il partage le pouvoir comtal; de même en 1146, dans une charte de cet évêque pour Saint-Amand-de-Boixe, Boson et Rudel sont nommés consuls. Après 1146, Helias Rudel disparaît et Boson porte désormais seul le titre de comte dans

1. Helias V Rudel seul. — 1117 : « Rudello comite Petragoricorum » (*Coll. Périg.* t. LIII, p. 156 et cf. 161); — « R. Petragoricensium consule » (*Coll. Périg.* t. LIII, p. 162); — s. d. : « Rudellus comes dedit » (*Coll. Périg.* t. LIII, p. 159) et « consilio Rudelli comitis » (*Cartulaire de N. S. de Saintes*, éd. citée de Grasilier n. 169, p. 118); — 1131 : voy. p. 120 note; — « Guillelmus de Nanclars... cujus tempore domus bladagii Sancti Frontonis, quae erat in claustro, ab Helia Rudello et burgensibus confracta est, quem mater sua comitissa, Gasconia nomine, coram eodem Episcopo in conventu publice abastardavit, dicens quod non erat filius Heliae comitis » (*Chron. Episc. Petrag.* éd. Labbe *Bibl. Nov. Mss.* II 738).

une série de documents, qui est cependant interrompue par la notice de la consécration du monastère de Cadoin, d'après laquelle Helias Rudel (le même ou son fils) aurait été consul avec Boson en 1154, si tout y est authentique. On ne lui connaît aucune postérité, et il est difficile de dire quel rapport existe entre lui et les seigneurs de Bergerac, Helias Rudel le Vieux et Helias Rudel le Jeune son fils, qui apparaissent dès le commencement du XIIIe siècle[1].

1. Boson et Helias Rudel. — 1135 : « Boso comes de Granolio et mater et uxor ejus Comtorissa... apud Granolium in manu Geraldi ejusdem Caduinensis ecclesiae abbatis... anno MCXXXV. Hoc donum eodem modo fecit et firmavit Audebertus frater ejus, comes Montis Guillelmi... apud ecclesiam de Maubos » (*Coll. Périg.* LIII, p. 219 et Saint-Allais, p. 16). Plus tard, au temps de l'abbé Pierre (vers 1145), Audebert, frère du comte de Périgord assista à une donation faite à ce monastère dans l'église de Poiguillem : « testibus... Audeberto fratre comitis Petragoricensis... apud Poiguillem in ecclesia ipso Audeberto praesente » (*Coll. Périg.* t. LIII, p. 260 et t. 37, p. 229). — 1144 : « Hoc autem donum factum est anno ab in. Dom. MCXLIIII... tempore Lucii papae, regnante Ludovico rege, Rudello et Bosone consulibus » (*Coll. Périg.* t. LIII, p. 221 et t. LXXVII, p. 136); — 1146 : « Anno ab in. Dom. MCXLVI Rome praesidente Eugenio papa tertio, regnante in Francia Ludovico, in Petragora urbe Bosone et Rudello consulibus » (*Coll. Périg.* t. LIII, p. 221 et t. 77, p. 137). — Voici la notice de la consécration du monastère de Cadoin en 1154 : « Anno ab inc. Dni MCLIV indict. II concurr. IV epacta XV, V non. octobr., die dominica, luna XXII, dedicatum est hoc monasterium solemniter et honorifice a tribus episcopis R. scilicet Petragoricensi, Hel. Agen., Hugo. Engolism., in honore Dni nri J. C. ejusdemque stae genitricis semper virginis Mariae et omnium sanctorum, Ramnulfo huius ecclesiae abbate existente, Anastasio IV in Apostolica sede, in Bituricensi P. in Burdigalensi G. residente, Ludovico Jeresolimitano, filio Ludovici, filii Philippi, in Francia regnante, Bosone et Helia Rudelli in Petragora consulibus, Betrando de Bironio filio W. et nepotibus ejus W. et Aimerico, filio W. ex matre Baibolena, terra quae Marmontensis dicitur, in qua fundatum est hoc coenobium,

Boson IV seul. — En 1149, Boson est seul nommé comte dans deux actes de Raimon, évêque de Péri-

Ademaro et Poncio, filiis Mainardi Bainacensis dominantibus. Huic autem sanctae consecrationi interfuerunt multae venerabiles et religiosae personae, scilicet abbas Aurelianensis, abbas Moissiacensis, abbas de Sylva, abbas de Cella Fruini, abbas Terracensis, abbas Auciensis, abbas Gondonensis, abbas Septem Fontium, abbas Faiziensis, abbas Fontisguilelmi » (*Coll. Périg.* t. LIII, p. 230-1 et t. 37, p. 45). La date de 1154 est exacte, comme le prouve l'ensemble de l'acte et comme on peut le vérifier p. ex. par un acte de 1189 du même monastère où on lit : « anno a dedicatione ejusdem eccl. trigesimo quinto » (Bibl. Nat. *ms. lat.* 9196 de Dom Col, p. 478). On pourrait supposer, tout au plus, que la notice n'a pas été écrite dans cette rédaction le jour même de la consécration (il est surprenant que les abbés énumérés à la fin ne soient pas désignés par leurs noms) et dans ce cas une erreur pourrait s'expliquer (cf. un cas analogue dans le cartulaire du même monastère dans l'acte de 1189 cité à la p. 130). — L'abbé Lespine, auteur de l'art. Bergerac dans l'*Histoire généal. et hérald. des pairs de France* de Courcelles (t. VI, Paris 1822) a voulu rattacher les seigneurs de Bergerac du XIIIe siècle par filiation directe au comte Helias Rudel, mais il ne dispose en réalité d'aucun témoignage probant entre 1146 et 1201 ; dans un acte de 1147 Ademar de Bainac parle de « Rudello fratre uxoris meae » (*Coll. Perig.* XXXVII, p. 213 et LXXVII, p. 138) mais on ne voit pas que ce soit un comte ou un fils de comte ; un autre acte, du 30 mars 1167, nous montre un Rudel à Bergerac : « quod Rudellus, filius Rudelli, dedit Deo et Ecclesiae S. M. de Cadunio omne jus quod habere poterat in manso de Renonces... actum apud Bragairacum » (*Coll. Périg.* XXXVII, p. 241), de même qu'une donation de Guillem de Mons à ce monastère, du temps de l'abbé Pierre (le premier entre 1143 et 1147, le second du même nom entre 1166 et 1180 environ), qui est faite « Bragairaci ante domum Geraldi Blanquet in manu Rudelli qui fidejussor est hujus pignoris » (*Coll. Périg.* t. 37, p. 231) ; or, on ne saurait affirmer que ces actes nous fassent voir des seigneurs de Bergerac descendants des comtes de Périgord. D'autre part, Dessalles (I 376-83) rejette tout rapport entre le comte de 1146 et les seigneurs de Bergerac attestés dès 1201 et rattache ceux-ci aux Rudel de Blaye, sans aucune preuve cependant. A. Longnon, d'après une note insérée dans l'article de Gaston Paris sur Jaufre Rudel, paraît avoir partagé l'opinion de l'abbé Lespine (*Revue historique* 1893). Il serait assez naturel de supposer que le comte Helias Rudel laissa une fille et que le

gueux; de même en 1150, dans une charte de l'abbaye de Chancellade; pareillement en 1151, dans un acte de l'évêque Raimon en faveur de l'abbaye d'Uzerche; en 1153, une donation est faite aux moines de Chancellade par les conseils du comte Boson et de l'évêque Raimon; une charte d'Agnes de Montpaon en faveur de ce monastère, du mois d'avril 1153, appelle le comte Boson frère de Raimon, évêque de Périgueux; en 1157, dans une charte de cet évêque en faveur de Saint-Martial de Limoges, Boson est nommé consul de Périgord; de même en 1158, dans un acte de l'évêque Raimon pour le chapitre de Saint-Astier, et c'est la dernière date à laquelle Boson est attesté; dans un acte sans date, du temps de Hélie, abbé de Chancellade (1143-68), auquel il fait une donation, Boson est nommé comte de Périgord et fils du comte Audebert[1].

nom et le surnom Helias Rudel passa à la postérité de celle-ci (comme au milieu du XIIIe siècle, la fille et héritière unique de Helias Rudel le jeune ayant épousé Raynaud de Pons, un de leurs fils fut nommé Helias Rudel) mais ce ne serait qu'une hypothèse de plus.

1. Boson IV seul. — 1149 : « Anno MCXLIX, Eugenio papa Ecclesiam Dei regente, Ludovico rege contra paganos exercitum ducente, Bosone comitatum Petragoricensem tenente » (*Coll. Périg.* t. LIII, p. 225 et t. LXXVII, p. 139) et « anno MCXLIX... in Petragorica civitate Bosone comite » (*Coll. Périg.* t. LIII, p. 225); — 1150 : « MCL... Raimondo Epo et Bosone comite episcopatum Petragoricensem regentibus » (*Coll. Périg.* t. LIII, p. 226); — 1151 : « MCLI, Vo Kal. Augusti, Eugenio pontifice, Ludovico rege Francorum, duce Aquitanorum, Bosone Petragoricis existente consule » (*Cartulaire d'Uzerche*, éd. cité de J.-B. Champeval, p. 58, n. 25 et p. 387, n. 962); — 1153 : « Lodovico Rege Francorum Regnante, Raymondo Epo et Bosone comite adjuventibus » (*Coll. Périg.* t. LIII, p. 229); — avril 1153 : « Facta est autem haec donatio V idus aprilis in domo helemosinaria de

Boson dont la femme, attestée avec lui en 1135, s'appelait Comtors, eut plusieurs enfants : Helias Talairan, son successeur au comté, dont l'article suit; deux autres fils, Audebert et Boson, qui sont appelés frères du comte Helias dans un acte qui se place entre 1162 et 1169 ; un quatrième fils, Ramnulf, moine de La Faize, attesté dans un acte du comte Helias Talairan son frère ; une fille, Jordana, qui épousa Archambaut, vicomte de de Comborn, et qui est réellement attestée avec son mari et ses fils en 1178 et en 1184 ; toutes les généalogies donnent à Boson encore deux fils, Guillem Talairan et Olivier de Mauriac, mais ceci ne repose que sur une simple erreur[1].

Montepavonis anno ab in. Dom. MCLIII... Raimondo Episcopo et Bosone comite, fratre suo, Petragoricensem episcopatum gubernantibus » (*Coll. Périg.* t. LIII, p. 228). Raimon était évêque de Périgueux dès 1142 à 1158 et archevêque de Bordeaux en 1158-9. Le *Chron. Episc. Petr.* l'appelle Raimon de Mareuil et ne dit rien de sa parenté avec le comte Boson, quoique celui-ci soit mentionné dans le passage consacré à cet évêque : « Sub hoc Boso comes Petragoricensis supra locum Arenarum Petragorae magnam turrem et excelsam construxit » (Labbe, *Bibl. N. Mss.* II, 738) ; — 1157 : « Bosone consule apud Petragoras » (*Coll. Périg.* t. LIII, p. 232) ; — 1158 : « Factum a. ab in. Dom. MCLVIII in urbe Roma praesidente Adriano Papa, in Francia regnante Ludovico rege, apud Petragoras Bosone consule » (*Coll. Périg.* t. LIII, p. 234) ; — s. d. : « Boso comes Petragoricensis, filius Aldeberti comitis dedit... in capitulo de Cancellata in die Ramis Palmarum, in manu domini Heliae » (*Coll. Périg.* t. LIII, p. 221).

1. Les généalogies ont tort de regarder COMTORS comme un titre et de dire que le nom de la femme de Boson, fille d'un comtor, est inconnu, car c'est bien un prénom qui se rencontre plus d'une fois dans cette région au XIIe siècle (cf. p. 41) et ce n'est pas, du reste, un cas isolé puisque d'autres titres, comme Marquesa ou Delphina, sont aussi devenus des noms de femmes. — Sur HELIAS TALAIRAN voy. p. 126, la suite du texte. — Pour

Helias VI Talairan. — Helias, fils de Boson, d'après une mention expresse de Geoffroi de Vigeois (voy. année 1182), et son successeur au comté, portait le surnom de Talairan (années 1166, 1180, 1182, 1189, 1194) et était parfois désigné par ce surnom seul (1167, 1178, 1181-82) comme avant lui Guillem Talairan et Helias Rudel; ayant succédé à son père après 1158, date à laquelle celui-ci est encore attesté, Helias Talairan, comte de Périgord, apparaît pour la première fois dans une charte de l'abbaye de Chancellade de 1166; entre 1162 et 1169 le comte Helias est nommé, avec ses deux frères, Audebert et Boson, dans un document de l'abbaye du Bugue; une donation faite en 1167 à l'abbaye de Dalon par le vicomte Raimon de Turenne est confirmée par « Talairan gener praedicti vicecomitis »; en 1175 une charte de l'abbaye de Chancellade porte le nom de Helias, comte de Périgord; en 1178, Talairan assiste à un duel judiciaire ordonné par le vicomte Raimon de Turenne; vers 1180, Helias Talairan, comte de Périgord et la comtesse Raimonda sa femme donnent à Arnaut, prieur de Chan-

AUDEBERT et pour BOSON voy. la mention pour 1162-9 dans l'article de Helias et cf. l'allusion de Bertran de Born sous l'an 1181. — Le quatrième frère RAMNULF est attesté par un seul acte, dont il ne subsiste plus que des analyses faites par les Bénédictins et qui est discuté aux p. 12 sq. — JORDANA est mentionnée par Geoffroi de Vigeois dans le chapitre sur les vicomtes de Comborn avec Archambaud cinquième du nom (« hic de Jordana filia Bosonis Petragoricensis comitis genuit... ») et elle figure dans quelques actes rapportés p. 180. — Enfin voy. p. 14 sq. sur l'erreur qui a fait introduire Guillem Talairan et Olivier de Mauriac parmi les enfants de Boson.

cellade et de La Lande tout ce qu'ils possèdent dans cette dernière localité, comme le montre l'acte passé dans la salle comtale du castel de Montpaon que le comte possédait par sa femme ; Bertran de Born, le mentionne dès 1181, dans le sirventès « Ges no mi desconort », où il parle de ses efforts pour garder le château d'Autafort contre les prétentions de son frère et énumère ses adversaires, parmi lesquels figurent « li dui penchenat peiregorzi », c'est-à-dire le comte Helias et un de ses frères, Audebert ou Boson, ou plutôt le comte et son fils ; ensuite dans le sirventès « Ges de far sirventes nom tartz », il se plaint que Talairans ne lui donne pas de trêve ; pour l'année 1182, Geoffroi de Vigeois rapporte la défaite du comte Helias Talairan, fils de Boson de Grignols, dans un conflit qu'il avait avec Richard comte de Poitou et ensuite son adhésion à une ligue contre celui-ci ; ces événements de 1182-83 donnèrent à Bertran de Born, la substance de deux sirventès, le premier « Un sirventes on motz no falh » composé au moment du siège de Périgueux où il raille le comte : « Talairans no trota ni salh ni no's mou de son arenalh » (et pour expliquer ce dernier mot il faut rappeler que le père de Helias Talairan fit bâtir un fort « supra locum Arenarum Petragorae » d'après un passage de la chronique des évêques de Périgueux, cité sous Boson an. 1153), le second « Pois Ventadorns » parlant d'une ligue des vicomtes du Limousin et d'autres seigneurs « ab Peiregorc », c'est-à-dire avec le comte de Périgord, dirigée contre

Richard; en 1186 Helias, comte de Périgord donne au chapitre de l'église de Saint-Front de Périgueux le bois d'Aleu, et son fils, Helias Talairan, fait le même don; le 20 février 1189, dans un acte d'Aimar de Beynac en faveur de l'abbaye de Cadoin, figure le nom de Helias Talairan, comte de Périgord; l'inscription du sacre de l'église Saint-Martin de Limeuil, du 3 février 1194, porte le nom de Helias Talairan, comte de Périgord; en 1199, Helias, comte de Périgord, renouvelant une donation antérieure, donne le bois appelé Herbosa à l'abbaye de Chancellade, et Helias Talairan son fils fait le même don; enfin, en 1203, Helias, comte de Périgord, du consentement de Helias son fils et de Talairan son petit-fils, confirme une fois encore la donation du bois d'Herbosa à l'abbaye de Chancellade; les actes postérieurs à cette date, de 1204 et de 1208, surtout le premier, pourraient être encore de lui, mais ils paraissent être plutôt de son fils portant le même nom[1].

3. HELIAS VI TALAIRAN. — 1166 : « Memoratur (Jean év. de Périgueux) in charta Heliae abbatis Cancellatae eodem anno 1166, Helia consule in Petragorica civitate » (*Gall. Christ.*, t. II, 1468, analyse d'un acte que je n'ai pas retrouvé, cf. *ibid.* col. 1502-3); — 1162-9 : « Aquest do fes a Sarlat, e la claustra, e fo i l'arcibesques de Bordel Bertrans, e l'evesques de Peregurs Jovan, e l'ebesques d'Engoleima P., e Hel. coms de Peregorc, e n'Audebert e·n Bos si frair, e l'abas de Sarlat Garis et alii multi » (M. L. Dessalles, *Histoire du Bugue*, Périgueux 1857, p. 21 et voir sur cet acte ci-dessus p. 53); — 1167 : « Et ego Talairans gener predicti vicecomitis hoc idem donum... concedo... apud Martellum a. ab in. Dom. MCLXVII » (Bibl. Nat. *mss.* de Baluze, 375 p. 33-4 et voir sur cet acte p. 22); — 1175 : «... Helia Deudric priore de Cancellata et Guarcia suppriore et Stephano Deudric cantore... et toto fratrum conventu, anno ab in. Dom. millesimo septuagesimo quinto... Romano Pontifice domino

Helias VI Talairan eut pour femme Raimonda de Ribérac, provenant d'une branche de la maison de

Alexandro tertio, domino Petro Petragoricensi episcopo, Ludovico rege Francorum, Henrico duce Aquitaniae, Helia comite Petragoricensi, quarta nonas mensis augusti » (Bibl. Nat. *ms. lat.*, 9937, fol. 3 et cf. *Coll. Périg.* t. XXXIII, p. 364, extraits du cart. de Chancellade, p. 189); — 1178 : « lor Senior lo vescoms venc a Belloc et ab lui N' Aimars lo vescoms de Lemotgas e N'Archambalz lo vescoms de Comborn e N'Elias sos filz, e N'Elias lo vescoms de Gimel, e·N Talairanz e·il senior Las Tors... » (Justel, *Hist. généal. de la maison de Turenne*, Paris, 1645, Preuves p. 35, et ci-dessous l'appendice III); — vers 1180 : « Helias Talairanz comes Petragoricensis et Raimonda comitissa uxor illius.. in castello de Monpao, quod pro uxore sua Raimonda possidebat, en la sala comtal, in manu Domini Arnaldi prioris de Cancellata et de Landia » (*Coll. Périg.*, t. XXXIII, p. 373, t. LIII, p. 211 et 241, t. LXXVII, p. 164 et voir sur cet acte ci-dessus p. 24); — 1181 : Bertran de Born, éd. Stimming[3], n° 10, p. 79 et n° 3, p. 64, éd. Thomas n° 8, p. 32 et n° 10 p. 40, mais pour la date cf. P. Boissonade, *Les comtes d'Angoulême et les poésies de Bertran de Born* dans les *Annales du Midi*, 1895 p. 283-8; — 1182 : «... Tertio idus Aprilis... Ricardus cum paucis suis Podium Sti Frontonis viriliter expugnavit quia Helias Taleyrandus inimicis illius favebat » et plus loin « Helias Taleyrandus filius Bosonis de Grainol Petragoricum duci tradidit castrum qui, destructis murorum propugnaculis, pacem cum eodem comite fecit » et enfin pour la fin de 1182 et le commencement de 1183 : « Tunc conjuraverunt adversus Richardum Henricus Rex, Gaufredus Britanniae comes, [comes Petragoricensis] Helias et Sector Ferri, Wulgrini defuncti comitis Engolismensis frater... » (Geoffroi de Vigeois, 2e partie, chap. I, II et VI, éd. Labbé, *Bibl. Nova Mss.*, t. II, 330-2 et éd. de Dom Brial dans Bouquet, *Recueil Hist. Fr.* XVIII, 212-3; cf. pour une correction du texte P. Boissonade, *l. c.*; Justel, dont l'*Hist. généal. de Turene* est de quelques ans antérieure à la *Bibliotheca Mss.* de Labbe, cite ce passage d'après un autre manuscrit, où se trouvaient les mots « comes Petragoricensis », Preuves, p. 34-5); — 1182-3 : Bertran de Born, éd. Stimming[3], n° 2, p. 61 et n° 5 p. 62 et éd. Thomas, n° 8, p. 3 et n° 12, p. 9; — 1186 : « H. comes Petragoricensis dilectis suis capitulo Ecclesie Sancti Frontonis et omnibus aliis has litteras... pacem. Ad evitandum in posterum controversiae et oblivionis incommodum, presenti scripto tam praesentibus quam futuris certum ac cog. ... quod ego quitavi et dimisi et omnino finivi quicquid

Turenne, d'après les documents de 1167 et de 1180 environ; elle lui apporta en dot la châtellenie de

juris habebam et pro me et pro meis in nemore quod Alodium vocatur. Et volo et concedo... de cetero ecclesia Sancti Frontonis praedictum Alodium immune in omni pace et absque omni contradictione in perpetuum possideat et donet ad excolendum si voluerit. Hoc idem dimisit et finivit H. Talairandi filius meus. Ut autem haec mea concessio in Ecclesia beati Frontonis publice facta in perpetuum robur obtineat, praesens meum scriptum fieri ac sigilli nostri munimine corroborari praecepi. Huius autem rei testes sunt A. cantor, Eblo sacrista, P. cellararius, P. de Lois, He. de Chassen, canonici, Emenus de Peiregurs, Iterius de Peiregurs, Raimundus Gaufridi et multi alii. Factum est autem hoc anno ab incarnatione Domini MCLXXXVI, pontificatus Domini Papae [Urbani] III anno I° » (*Coll. Périg.*, t. LIII, p. 246, d'après l'orig. parch. scellé des archives du chapitre de Périgueux); — 1189 : « Ademarus de Bainac dedit Deo et Beatae Mariae Cadunii... Facta sunt haec anno ab incarn. Dni millesimo centesimo octogesimo nono, ind. VII, conc. VI, ep. I, octavo kal. martii, luna Tertia, Clemente papa stae Romanae Ecclesiae presidente, Philippo rege Francorum imperante, Richardo filio regis Angliae Ducatum Aquitaniae tenente, qui eodem anno in regno patris sui successit et ducatum Normannorum obtinuit, Henrico patre suo viam universae carnis ingresso, Helia Petragoric. consule, in metropolia Burdigalensi Helia residente, Ademaro Petragorico praesule, anno a fundamento ecclesiae Caduini septuagesimo primo, a dedicatione ejusdem eccl. trigesimo quinto » (Bibl. Nat. *ms. lat.* 9196 de Dom Col, p. 478, copie de la charte 26 du cartulaire de Cadoin qui se rattache à la charte précédente de février 1189 : la mention de la mort d'Henri II qui n'eut lieu qu'au mois de juillet, est une addition postérieure, faite par le copiste du cartulaire : cf. *Coll. Périg.*, t. LIII, p. 247 et *Gal. Christ.*, II, 1539); — 1194 : « An. MCXLIV... dedicata est haec ecclesia et altare a D. Ademaro Petr. ep... Philippo rege Francorum imperante, Richardo rege Angliae ducatum Aquitaniae tenente, Elia Talayrando Petrachoriorum comite, in metropolia Burdigalensi Elia residente » (J. Dupuy, *L'estat de l'église du Perigord depuis le christianisme*, Périgueux 1629 et réimp. en 1843, p. 71-8 et *Gal. Christ.* II, 1474); — 1199 : « Helias, Dei gratia Petragoricensis comes, reverendo abbati et toto conventui S. M. de Cancellata..., dedi... nemus quod dicitur Herbosa... Hanc autem donationem... in vestro capitulo cum Helia Talairan filio meo et cum multis aliis sociis existens, iterum feci et concessi. Et Helias Talairans

Montpaon (Montpont) suivant le dernier de ces deux actes : c'est cette union qui fit apparaître dans la maison des comtes de Périgord le nom d'Archambaut ; de même le nom de Raimonda qu'elle avait porté ne fut pas abandonné dans les générations suivantes ; de ce mariage sortirent au moins deux fils, Helias Talairan et Archambaut, dont les articles suivent[1].

eandem donationem fecit similiter... anno ab inc. Dom. MC nonagesimo nono... Primae donationis sunt testes... secundae donationis sunt testes... » (*Coll. Périg.* t. XXXIII, p. 385, extrait du cartulaire de Chancellade, fol. 190-1, et Saint-Allais, p. 49) ; — 1203 : « Helias, Dei gratia Petragoricensis comes, Petro Raimondi reverendo abbati et toti conventui Sanctae Mariae de Cancellata salutem et pacem perhennem... Dominus P. abbas S. Mariae de Cancellata et S. prior etc... acquisierunt ab Hel. de Vesina et ab Ama sorore sua et a matre eorum quicquid juris habebant in nemore quod dicitur Herbosa.. quod nemus sicut via quae a Petragoris dirigit versus capellam d'Agonaguet ex una parte et claudit cum nemore de Villanova... Praefati vero abbas et fratres pro hac concessione et investitura dederunt sepedictis Hel. et Amae fratribus septingentos solidos et nobis quingintos qui cum voluntate Helie filii mei et Talairandi nepotis, iam dicti Heliae filii, qui hoc dederunt et firmiter concesserunt, dedimus dominium istius nemoris pro salute animarum nostrarum et parentum nostrorum in Eleemosinam perpetuam et inviolabiter habendum et possidendum. Haec autem acquisitio et concessio facta fuit nobis praesentibus et auctoritate nostra. Quae ut perpetuis temporibus sint valitura, praesens inde scriptum fieri voluimus et auctoritate sigilli nostri communiri praecipimus, testibus praesentibus Lamberto Archidiacono, B. de Biron et Bern. de Lois canonicis S. Stephani... Donationis vero ac concessionis quam fecit Talairandus nepos noster in viridario nostro Petragoris testes sunt isti : Dominus S. prior, B. Brus cellararius, etc... Facta sunt haec anno ab incarn. Dom MCCIII, Innoc. Roman. pontifice residente, Ph. rege Francorum regnante, J. rege Angliae Ducatum Aquitaniae gubernante, B. Petrag. episcopo (*Coll. Périg.* t. XXXIII p. 368 et t. LIII p. 241 et 250, extrait du cartulaire de Chancellade, p. 14 et 15).

1. Voy. sur Raimonda pp. 20 sq. — Sur les enfants de Helias VI

Helias VII Talairan. — Nous avons vu Helias Talairan, attesté auprès de son père dans les actes de 1186, de 1199 et de 1203, qui montrent clairement qu'il était le fils aîné et le successeur présumé de Helias VI Talairan ; il portait, lui aussi, le surnom de Talairan qui était tantôt mentionné (1186 et 1199) tantôt omis (1203) dans les documents ; il est majeur avant 1186 et il a un fils majeur en 1203 ; au mois de mai de 1204, sous les murs de Rouen assiégé, Helias, comte de Périgord, rend hommage de son domaine au roi Philippe-Auguste, en même temps que la ville de Périgueux se soumet, par un acte à part, au roi, mais cet hommage ne marque point nécessairement l'avènement d'un nouveau comte, car c'était un moment de revirement politique qui permit au roi de France d'obtenir plusieurs hommages analogues, au préjudice de Jean-sans-Terre, dont la souveraineté en Aquitaine fut encore reconnue par le comte de Périgord dans la formule finale de l'acte de 1203 ; en 1208, Ramnulf de Castelnou prête hommage à Helias Talairan, comte de Périgord et dans cet acte il n'est plus fait mention que du roi de France comme souverain ; en tout cas vers 1205-12, Helias VI, le père, ne vivait

et de Raimonda, Helias Talairan et Archambaut, voy. la suite du texte. — On voit qu'il y a ici une différence assez sensible entre nos données et celles de toutes les généalogies antérieures d'après lesquelles Helias VI aurait eu trois fils (dont deux du même nom) : Archambaut Ier, comte entre 1204 et 1212, Archambaut II, comte entre 1212 et 1240, et Helias Talairan, seigneur de Grignols (cf. note 1 de la p. 135).

plus, comme l'indique une mention du « Comes de Petragoris junior » qui est faite au cartulaire de Chancellade sous l'abbé Étienne (1205-17, mais on peut renfermer la date de cette mention entre 1205 et 1212, année à laquelle Archambaut est déjà comte), car cette désignation se rapporte certainement à Helias VII Talairan le fils, que nous verrons appelé « Helias Talairan junior » dans un acte de 1219, par rapport à son père portant le même nom (et même en admettant une autre interprétation, selon laquelle on y verrait une désignation du frère cadet de Helias par rapport à celui-ci, il n'en resterait pas moins le fait qu'il ne s'agit plus du comte Helias VI le père, mais de ses successeurs)[1].

1. HELIAS VII TALAIRAN, — 1204 : « Elias comes Petragoricensis omnibus..., noverit... quod ego Domino meo Philipo illustri regi Franciae feci hominagum ligium de comitatu Petragoricensi et pertinenciis ejusdem contra omnes homines et feminas qui possunt vivere et mori et similiter eidem regi et heredibus suis facient heredes mei hominagium ligium de praedicto comitatu et pertinenciis comitatus, quod est firmum... Actum in castris ante Rothomagum, anno Domini 1204 mense maio » et réversales : « Notum sit quod comes Helias Petragoricensis fecit nobis hominagium ligium et de comitatu Petragoricensi et de pertinenciis ejusdem et similiter faciet heredibus nostris in perpetuum hominagium ligium et nos ei concessimus quod ipsum cum comitatu toto non removebimus a manibus nostris neque heredes nostri cum toto comitatu a manibus suis removebunt. Actum ante Rothomagum anno Domini 1204 mense mayo » (*Coll. Perig.* t. LIII, p. 212, extrait du cartulaire de Philippe-Auguste; cf. la première partie d'après l'original scellé dans Teulet, *Layettes du très. des chartes*, Paris, 1863, t. I, p. 249; cf. Delisle, *Catal. des actes de Ph.-A.*, P. 1856, nº 821-2, p. 187; le sceau n'est pas enregistré par Douet d'Arcq I, 426); sur la situation politique dans laquelle cet hommage eut lieu voir A. Luchaire au t. III, p. 130 et 139 de l'*Hist. de France* de Lavisse. — 1208 : « Noverint... quod anno ab inc. Dom. MCCVIII et post festum beati Bartholomaei apostoli, regnante Domino Philippo

Helias VII Talairan eut pour femme une fille du vicomte Aimar V de Limoges (1148-99), puisque son fils Archambaut se dit en 1228 neveu du vicomte de Limoges qui était en ce temps Guy V (1199-1230) fils d'Amar, et cette alliance explique aussi pourquoi dans un acte postérieur à 1240 le vicomte Guy VI appelle le comte Helias VIII, petit-fils de Helias VII, son cousin. Or il est dit dans un passage de la chronique de Geoffroi de Vigeois sur les enfants d'Aimar V vicomte de Limoges que celui-ci donna sa fille aînée, Marguerite, pour femme à un fils d'Aimeri vicomte de Rochechouart, et en deuxièmes noces à un fils d'Audebert comte de Périgord. Tous les historiens ont donc toujours regardé Marguerite comme femme de Boson IV de Grignols, comte de Périgord vers 1150, puisque c'est lui qui était fils d'Audebert. Mais c'est absurde. Aimar qui était mineur en 1148 et resta pendant quelques années sous la tutelle, d'après le témoignage de Geoffroi de Vigeois, ne peut pas avoir marié sa fille, déjà veuve, à Boson qui mourut vers 1160. Le nom d'Audebert

Dei gratia Francorum rege, personaliter constitutis nobili ac potenti viro Domino Helia Taleyrandi, comite Petragoricensi, a parte una, et nobili viro Domino Ranulpho de Castronovo milite, dictus miles recognovit se tenere a dicto comite et movere ab ipso haec quae sequuntur, videlicet Castrumnovum cum toto honore suo... pro quibus omnibus dictus Ranulphus fecit homagium militare dicto domino comiti » (*Coll. Périg.* t. LIII, p. 251 d'après une autre copie prise sur l'original); — 1205-12 : « Comes de Petragoris iunior etc... sous l'abbé Estienne » (*Coll. Périg.* XXXIII p. 367, notice d'un acte qui se trouvait au fol. 82 du cartulaire de Chancellade, et cf. ib. p. 354 la liste des abbés, plus exacte que celle de *Gal. Christ.*, II 1503).

dans la chronique de Geoffroi de Vigeois est inexact, mais la responsabilité n'en revient probablement pas à Geoffroi lui-même : il rédigea la première partie de sa chronique, contenant le généalogie des vicomtes de Limoges, vers 1160, et acheva la seconde vers 1184, ce qui fait croire qu'un passage, prolongeant cette généalogie jusqu'à la fin du XIIe siècle, est une addition postérieure, comme l'est le passage qui suit immédiatement et qui continue cette généalogie jusqu'au dernier tiers du XIIIe siècle. Il est donc certain que Marguerite de Limoges, fille ainée d'Aimar V, née après 1160, épousa Helias Talairan, fils du comte Helias VI, qui était majeur avant 1186. De ce mariage sortit Archambaut, successeur de Helias VII au comté, qui se dit en 1228 neveu du vicomte Guy V, frère de sa mère (son article suit après celui d'Archambaut de Ribérac). Il est possible que Helias VII et Marguerite avaient d'autres enfants encore et notamment un autre fils qui fonda la lignée des seigneurs de Grignols[1].

1. Pour MARGARITA, voy. le chap. XLI de Geoffroi de Vigeois : « Ademarus... filiam Margaritam filio Aimerici de Rupecavardi, postea filio Audeberti Petragorici comitis, Aquiliam... tradidit maritis » (Labbe *Bibl. N. Mss.* II, p. 300 et Bouquet *Recueil*, XII, 427); cf. l'acte de 1228 dans l'article d'Archambaut Ier, comte de Périgord où il se dit neveu du vicomte de Limoges (ci-dessous, p. 140); cette parenté résulte aussi d'un acte de Guy V, très mutilé, passé bientôt après 1240, dont voici ce qui subsiste : « Guido Lem. vicecom. universis praesentes litteras inspecturis salutem et pacem... lairandi com. Petragoricensis consanguineus noster... Dat... in conversione sancti Pauli, mense januarii anno Domini MCC quadr... audientibus Willelmo abbate Tusturiacensi et nobili viro Bosone de Granolio... » (*Coll. Périg.* LXXVIII, p. 31, copie d'un acte des archives de la maison de Tal-

Archambaut de Ribérac. — En 1211 Ramnulf évêque de Périgueux et Archambaut, comte de Périgord

leyrand; il s'agit de Helias Talairan VIII); cf. encore ci-dessous. ARCHAMBAULT, voy. son article aux pp. 139 sq. — LA BRANCHE DE GRIGNOLS : La généalogie des seigneurs de Grignols est connue assez exactement à partir de Boson de Grignols, attesté pour la première fois en 1238, dans un acte d'Archambaut, comte de Périgord et ensuite dans quelques actes encore (voy. pp. 139 sq. note). Ensuite Helias, seigneur de Grignols, porte le surnom de Talairan qui est repris par ses successeurs. Ce surnom, de même que les prénoms de Boson et de Helias que portent les seigneurs de Grignols, indiquent un lien entre ceux-ci et les comtes de Périgord et, du reste, nous savons que le domaine de Grignols appartenait au XIIe siècle à la famille comtale. A côté de ces indices, il n'existe qu'un seul témoignage exprès sur cette parenté. Il se trouve dans un procès-verbal du sénéchal de Périgueux, Pons de Ville, dressé pour la chancellerie de Saint-Louis, au mois de septembre 1246, sur les méfaits commis par le comte Helias Talairan et par ses compagnons contre la ville de Périgueux, et relatant, dans un récit très détaillé, les faits qui se passèrent du 19 juillet au 21 août 1246. On lit dans un passage de ce document : « Dicti comes et cives, audito et cognito eorum egressu, cum eorum complicibus videlicet Bosone de Granholio, It. de [lacune de 5 lettres enlevées avec le parchemin], qui haerent patrueles comitis, G. de Malamort, Ar. de Bovevilla, nepote Helia Rudelli, P. Aitz... » (*Coll. Périg.*, LXX, pp. 210 ss.; c'est le texte complet de ce procès-verbal « pris sur une copie faite sur l'original aux archives de M. le comte de Périgord »; notre passage est à la page 215; à ne pas confondre avec un autre procès-verbal du même sénéchal sur ces évènements, beaucoup moins étendu, publ. dans le *Recueil des titres et autres pièces justificatives employés dans le mémoire sur la Constitution politique de la ville et cité de Périgueux*, Paris, 1775, p. 48). Ce document contient le seul témoignage authentique, en vertu duquel on puisse rattacher la branche de Grignols et par là la famille de Talleyrand-Périgord aux anciens comtes. Il est inédit, mais Saint-Allais en a eu connaissance, car c'est d'après ce document qu'il dit que « Boson seigneur de Grignols est qualifié cousin germain paternel du comte Hélie » (p. 29). La désignation « patrueles » indique bien, que les pères du comte Helias VIII, de Boson de Grignols et d'Itier étaient frères. — On pourrait encore regarder comme DESCENDANTS de Helias VI et de Marguerite de Limoges deux nobles damoiseaux, Guy de Périgueux et Hugues son frère, pour lesquels Ermengarde, veuve

vicomte de Ribérac, confirment plusieurs donations faites à l'abbaye de Chancellade. En 1212, le même évêque Ramnulf certifie quelques legs de feu Archambaut gentilhomme, comte de Périgord, faits par celui-ci in extremis à la même maison religieuse. Ces deux actes, inconnus aux généalogistes, montrent qu'Archambaut, qualifié vicomte de Ribérac, avait pour apanage ce domaine, tandis que le titre de

de Guy V, vicomte de Limoges, se porte garante dans un accord avec la ville de Périgueux en 1235. Voici ce document : « Universis ad quos litterae istae pervenerint Ermengardis vicecomitissa Lemovicensis salutem in perpetuum. Per praesentes litteras vobis significamus quod nobiles Domiselli, Guido de Petragoris et Hugo frater suus, existentes praesentes coram nobis, recognoverunt se fecisse pacem cum maiore et communitate villae Podii Sancti Frontonis Petragoricensis, quam dixerunt esse redactam in scriptis et sigillatam sigillo officialis Petragoricensis et sigillo nobilis viri... [mot raturé] et sigillo communitatis dictae villae et corumdem fratrum sigillo. Et nos, ad preces corumdem fratrum pacem illam confirmavimus et concessimus perpetuo valituram. Et iidem fratres dictam pacem similiter per se et successores suos concesserunt perpetuo se servaturos. Et prout dictis sigillis sigillata fuerat, eandem pacem firmaverunt et concesserunt inviolabiliter duraturam. Unde nos ad requisitionem dictorum fratrum ad maioris robur certitudinis sigillum nostrum praesentibus litteris, super hoc, in testimonium ducimus apponi. Actum anno Domini MCCXXXV mense maii » (*Coll. Périg.*, LXXVIII, p. 24, d'après l'orig. en parch. aux archives de la maison de Talleyrand). Le dépôt même, dans lequel ce document a été conservé, paraît indiquer qu'il s'agit bien de membres de la famille de Périgord. Sans cela, il serait difficile d'expliquer autrement l'intervention d'Ermengarde, veuve du vicomte Guy (mort 1230), qui était le frère aîné de Marguerite de Limoges. Il faut observer que cette parenté avec les vicomtes de Limoges est invoquée par le comte Archambaut lui-même en 1223. En somme, cet acte de 1235 paraît indiquer que Helias VI et Marguerite avaient plusieurs enfants. Ceci expliquerait aussi pourquoi dans l'acte cité de 1246, à côté de Boson de Grignols, un Itier est qualifié cousin germain du comte Helias VIII.

comte de Périgord marquait simplement qu'il était de la maison des comtes, (de même que nous avons vu, en 1135, deux membres de cette famille se donner les titres de comte de Grignols et de comte de Poiguilem) ou bien qu'il était ou prétendait être comte associé, avec son neveu, suivant l'usage dont nous avons vu plusieurs exemples dans la maison des comtes de Périgord. Aucun document ne nous renseigne expressément sur ses parents. Mais toutes les données concordent pour le faire regarder comme fils puîné du comte Helias VI et de Raimonda de Turenne. Il est le premier qui ait porté le nom d'Archambaut dans la maison des comtes de Périgord. Ce nom ne devait plus être abandonné. C'est le mariage de Helias VI avec Raimonda de Turenne qui explique l'apparition de ce nom et du titre de vicomte de Ribérac dans la lignée des comtes de Périgord[1].

1. Archambaut de Ribérac. — 1211 : « Ramnulfus Dei gratia Petragoricensis Episcopus, Archambaldus comes Petragor., vicecomes de Ribairiaco, omnibus litteras istas inspecturis aut audituris salutem et pacem cum veritate diligere... ad postulationem abbatis et memoratorum militum praesens scriptum inde fieri ac sigillorum nostrorum auctoritatibus fecimus communiri. Haec autem donationes et concessiones factae fuerunt in ecclesia Sancti Martini de La Ila, ante altare Beatae Mariae, anno ab incarnatione Domini MCCXI epacta IV ind. IV Domino Innocentio III Ecclesie Romane praesidente, Philippo in Francia regnante, Joanne rege Anglorum ducatum Aquitaniae gubernante, Pontificatus vero nostri anno secundo... His donationibus et concessionibus interfuerunt... Gauterius de la Roche prior de Landia... » (*Coll. Périg.* XXXIII, 375 et LXXVIII, p. 2-3); — 1212 : « Ramnulfus Dei Gratia Petragoricensis episcopus universis ad quos litterae istae pervenerint salutem et pacem cum veritate diligere. Noveritis quod bonae memoriae Archambaldus,

Archambaut I Talairan. — Nous avons vu, dans un acte de 1203, auprès de Helias VI et de Helias VII, le fils de ce dernier et petit-fils du premier, désigné par le surnom seul de Talairan, surnom qui ne fut pas abandonné par Archambaut I, comme le prouve un acte postérieur; après Helias VII Talairan, attesté encore en 1208, Archambaut est comte de Périgord en 1212, car au mois de novembre de cette année il prête hommage à Philippe-Auguste, en même temps que Bertran de Born, le fils, seigneur d'Autafort, (son oncle Archambaut de Ribérac, avec lequel il est confondu dans les généalogies en un seul personnage, ne vivait plus à cette date); en 1214 Archambaut, fils de Helias comte de Périgord, revient sous l'autorité du roi d'Angleterre et reçoit de lui son comté; en 1219, au mois de juin, le jour des apôtres Pierre et Paul, il passe deux actes avec le chapitre

vir nobilis, quondam comes Petragoricensis, in extremis laborans, Deo et Sanctae Marie de Cancellata et fratribus ibidem Domino servientibus, in testamento legavit L. solidos censuales Burdigal. Monetae, vel unam Marcham argenti, in terris et redditibus quos habebat apud sanctum Asterium, vel in castellania, assignavit eosdem et praecepit Helie Melchini, B. Cuntal et Helie Reginaldi, ballivis suis, ut elemosinam istam fideliter dictis fratribus solverent annuatim. Dicti vero fratres pro hac eleemosina eidem Archambaldo tenentur annis singulis anniversarium celebrare. Testes autem sunt isti : Stephanus, abbas de Cancellata, P. Gaisselin cellararius, P. Deibruil sacrista, W. de Sto Silano, Emeno de Petragora diaconus, Helias de Dobla medicus et Hel. de Petragora et B. de Clarmon milites, et B. Jafet et P. Seguini et Gaubertus clientes, et multi alii. Hoc factum fuit in Cancellata, in manu nostra, anno gratiae MCCXII Innoc. Ecclesiae Romanae presidente, Philippo rege Francorum, J. Rege Anglorum, Episcopatus nostri anno quarto » (*Coll. Périg.*, XXXIII, 373, LIII, 263 et LXXVIII, p. 4); — Voy. sur lui ci-dessus p. 29 sq.).

de Saint-Astier et il se dit, dans le premier, fils de Talairan, dans le second fils de Helias Talairan, le jeune, ce qui écarte tout doute au sujet de sa filiation ; il confirme, par un autre acte de 1219, la fondation du prieuré de La Faye ; par un document de 1223, concernant la seigneurie de Cluzel, dans lequel le comte est appelé Archambaut Talairan, nous voyons qu'il n'abandonna pas le surnom traditionnel ; il est attesté en 1226 et en 1227 ; en 1228, dans un acte en langue vulgaire, en faveur de l'abbaye de Chancellade, il se dit fils de N'Elias Talairan et neveu du vicomte de Limoges, ce qui est un témoignage non seulement sur son père mais aussi sur sa mère ; en 1231 il donne un sauf-conduit à tous ceux qui iront à la Sauve-Majeure pour assister au sacre de l'église ; vers le milieu de 1238 il régla plusieurs affaires et fit des dons par différents actes passés avec l'abbaye de Ligueux, l'église de Saint-Front de Périgueux et le chapitre de Saint-Astier ; puis il se croisa et mourut en Terre Sainte avant le mois de septembre 1239, laissant de sa femme, dont on ignore le nom, un fils, Helias Talairan qui lui succéda, une fille, nommée Marguerite, comme la mère du comte, et qui fut mariée à Eble de Saint-Astier seigneur de Montencès, et une autre, religieuse à Ligueux, nommée Raimonda, comme sa grand'mère[1].

1. Archambaut i Talairan. — 1203 : voy. l'article de Helias VI p. 131 ; — 1212 : « Notum... quod comes Arch. Petragoric. et Bertrandus de Born dnus de Altoforti nobis fecerunt hominat-

Helias VIII Talairan. — Helias Talairan est comte de Périgord au mois de décembre de 1239 d'après

gium de toto comitatu Petrag. et de pertinenciis ejusdem et similiter facient heredibus nostris, et nos concessimus eis quod ipsos cum comitatu et fortericia de Altoforti non removebimus a manibus nostris neque heredes nostri ipsos cum toto comitatu a manibus suis non removebunt. Actum apud Nemos anno Dni MCCXII mense novembri » (*Coll. Périg.* LXX, 95 et cf. Delisle, *Catal. des actes de Ph.-Aug.* P. 1856, p. 320, nº 1409); — 1214 : « Rex baronibus... sciatis quod reddidimus Archambaldo filio Elye comitis Petragor. comitatum Petragor. cum omnibus pertinentiis suis tamquam jus et hereditatem suam et in homagium suum recepimus... XXX die Marcii anno regni nostri XV » (*Rotuli litterarum Patentium* éd. Th. Duffus-Hardy, London, 1835, vol. I, part. I, p. 112) et cf. un acte de 1222, avril : « Rex... dilecto et fideli suo comiti Petragoricens. » qui atteste, lui aussi, le retour du comte sous la suzeraineté du roi d'Angleterre (*Patent Rolls of the reign of Henry II*, vol. 1216-32, p. 331); — 1219 juin : « Archambaldus, comes Petragoric., filius Talairandi, omnibus ad quos litterae istae pervenerint salutem... » (au début du premier acte pour Saint-Astier), « Archambaldus, comes Petragoricensis, filius Helie Talairandi junioris omnibus has litteras inspecturis in Domino salutem... » (au début du second acte pour la même église) et à la fin des deux actes la même formule : Actum publice in refectorio sti Asterii, Dno Honorio papa Ecclesiae Romanae tunc temporis preminente, Domino Ludovico in obsidione Tolose sedente, et Dno Ramnulpho Petragoricensi Episcopo in episcopatu sedente, anno gratiae MCCXIX mense junio in solemnitate videlicet episcoporum Petri et Pauli » (*Coll. Périg.*, LIII, 267-68 et LXXVIII, 13-4); — 1219 : « Archambaldus comes Petragoricensis omnibus... » acte pour le prieuré de La Faye (*Coll. Périg.*, LXXVIII, 11); — 1223 : « Hac igitur carta facta est anno ab incarnatione Domini MCCXXIII in. XV, regnante Philippo Rege Francorum et Arc. Talerando comite superstite » (*Coll. Périg.*, t. LIII, p. 269, extrait d'un « ancien titre écrit en langue périgourdine contenant le dénombrement des rentes et biens des srs du Cluzel de Cubjac » où la formule finale était rédigée en latin); — 1226 : « Archambaldus comes Petrag. Emenoni, Yterio, Heliae, et Petro de Petragoris et eorum filiis... » (*Coll. Périg.*, t. LXX, p. 144); — 1227 août : « Archambaldus comes Petrag. omnibus... », acte avec Saint-Etienne de Limoges (*Coll. Périg.*, t. LXXVIII, p. 18); — 1228 : « Conoguda chauza sia a totz seus qui veiran aquest escriut que N'Archambautz coms de Peregurs, fils Nel. Talairan e neps al

une transaction avec la ville de Périgueux ; dans un acte mutilé, passé après 1240, il est dit cousin du

vescomte de Lemotges, donet a Deu e a la Maio de Chancelada, lo moli de sen Martial, que Peir Vegers tenia de lui qui es en lla Parrofia S. Marsal d'Artensa, ab sas partenensas, e dos sous que devia de ces, e dens seus boscx las obras que aurien obs al moli. Aquest dos fez en la Raolfia, soz la chapela S. Letger. E vestit ne aqui, per la Maio de Chancelada, lo prior en Gautier, e·N P. d'Autafort, lo celarer de Chancelada, ab sos gens, veent e auvent N'El. de Sen Master per cui cosselh fo fach, P. de la Rocha, borzes del Pui, P. de Maltener, G. Barol, Iter Boisso, W. Faure et multis aliis. Aquest dos fo fachs en l'an de l'incarnatio de Nostre Senior MCCXXVIII » (*Coll. Périg.*, t. XXXIII p. 368, t. LIII, p. 275, t. LXXVIII, p. 19 ; la paroisse dont il est question dans l'acte est Saint-Martial d'Artenset, Dordogne, arr. de Ribérac canton de Montpont) ; — 1238 : jeudi après la Pentecôte en faveur de Ligueux : « Archambaldus Comes Petragoricensis dedimus Deo et domui de Ligurio... dedimus insuper filiae nostrae Raymundae viginti solidos in manso de Valada ad vitam suam... praesentes litteras sigilli nostri munimine et etiam Bosonis domini de Granholio duximus roborandas. Actum apud Petragoras die jovis post Penthecosthem anno Domini MCCXXXVIII » (*Coll. Périg.*, t. LXXVIII, p. 28 et Viton, p. 48) ; 23 mai pour Saint-Front : « Petrus Dei gratia Petragoricensis episcopus... noveritis quod nobilis vir Archambaldus comes Petrag. in nostra praesentia constitutus... litteras suas sigillo suo munitas ecclesiae sancti Frontonis consessit... Nos vero ad ipsius comitis preces et instantiam sepedictae Ecclesiae S. Frontonis litteras praesentes concessimus in testimonium veritatis sigilli nostri munimine consignatas. Datum IX Kal. Junii anno Domini MCCXXX octavo » (*Coll. Périg.*, t. LXXVIII, p. 29) ; 27 mai avec Saint-Astier : « Archambaldus Comes Petrag. salutem... Datum Petragoris V Kal. Junii anno domini MCCXXX octavo » (*Coll. Périg.*, t. LXXVIII, p. 27) ; — 15 septembre 1239 : « Petrus Dei gratia Petragoricensis Episcopus... Ad universorum noticiam volumus pervenire nos litteras nobilis viri Archambaldi quondam comitis Petragoricensis, non abolitas, non cancellatas, non corruptas, nec in aliqua parte sui viciosas, vidisse sub hac forma... (vidimus de deux actes)... XVI Kal Octobris MCCXXXIX » (*Coll. Périg.* t. LXXVIII, p. 13) ; pour decembre 1239 voy. l'article de son fils ; pour sa mort en Terre Sainte voy. l'acte de son fils de 1239 : « anniversarium faciat eo die quo pater ipsius, dominus Archambaudus ultra mare creditur decessisse » (voy. ci-dessous l'article de Helias VIII). — Margarita, fille d'Archambaut passa un

vicomte de Limoges, parce que, comme nous l'avons vu, sa grand'mère était Marguerite de Limoges; en 1241 il mentionne son père Archambaut, décédé; en 1243, dans un accord avec le chapitre de Périgueux, il parle d'Archambaut, sans doute son père, et de Talairan, évidemment son grand-père, et il dit que son père Archambaut mourut en Terre Sainte; en 1244 il fait une convention au sujet de l'établissement d'un port sur l'Isle et il signe un compromis au sujet des limites des châtellenies de Montpaon et de Gurson; en 1245 il confirme les droits de Boson de Grignols; en 1246 il est accusé par Pons de Ville, sénéchal du roi de France de certains méfaits contre les bourgeois de Périgueux; dans un acte qu'il passa avec la chancellerie du roi de France en 1246 il parle de son fils; en 1247 son procès avec le chapitre et la ville de Périgueux est réglé par les commissaires du roi; il ne vivait plus en 1251, date à laquelle sa femme, Galharda, dite cousine du roi d'Aragon dans une lettre du pape Innocent IV de 1247, transigea au nom de son fils mineur Archambaut[1].

acte avec son neveu Archambaut II en 1269 : « Ebulo de Sancto Asterio, dominus de Monte inciso, et Marguerita ejus uxor, salutem... Cum inter nos... et Archambaldum nobilem comitem Petragoricensem esset quaestionis materia... quod nos dicebamus quod Dominus Archambaldus, olim comes Petragoricensis, pater mee Margarite... Actum et datum mense aprili anno Domini MCCLXIX » (*Coll. Périg.*, t. LXXVIII, p. 60). — RAIMONDA : voy. ci-dessus l'acte de 1238 en faveur de l'abbaye de Ligueux.

1. HELIAS VIII TALAIRAN. — 1239 : « Helias Talairans comps de Peregorc a toz aqueus qui aquestas letras veiran ni auviran saluz. Fasem vos a saber que li cossol e'l cumenals de la vila

Archambaut II. — En 1251 il est encore sous la tutelle de sa mère ; en février 1254 il a d'autres tuteurs ;

del Poi Sen Fron de Peregurs nos an prestat LX libras de peregozis, las quals nos avem agudas e receubudas entegramen e nos en tenem a paiat. E nos volem e autream que de las XX libras de la renda que nos deven a Nadal que ilh s'en paien e que las retenhan tant en engret dusque s'en sian a orde paiat e complit d'aquestas LX libras. E aquesta paia comensara a aquest premier Nadal. E aquist eran adoncas cossol : Helias La Rocha, Hel. Espes, Ar. de Salas, Al. d'Armanhac, P. La Bachalaria, B. Blanquez, St. del Poy, W. de Beuna, Hel. Faure, Hel. Vaches, Jo. de Clarens, Hel. Autes. E per que aiso agues maior fermetat, donem lor en aquestas letras en testimoni saeladas ab nostre sael. Aiso fo faih anno verbi incarnati de M. e CC. e XXXVIIII ans, e'l mes de decembre, la vespra de la festa Saint Thomas l'Apostol » (*Coll. Périg.*, t. LXXVIII, p. 30 d'après l'orig. parch. aux arch. Talleyrand); — après 1240 : voy. p 135, n. 1, sur Marguerite de Limoges, où cet acte est publié; — 1241 : « Helias Talairandi comes Petragoricensis... pedagium illud quod bone memorie Archambaudus comes Petragor. pater noster vendiderat... quarto idus octobris anno Domini MCCXLI » (*Coll. Périg.*, t. LIV, p. 5); — 1243 : « ... De quadraginta vero solidis rendualibus quos ab eo (Helia comite) petit ecclesia, viginti pro bone memorie Dno Archambaldo quos dicitur legavisse, decem pro Talairando, et decem pro hortis... Anniversarium faciat (ecclesia) eo die quo pater ipsius, Dominus Archambaudus, ultra mare creditur decessisse... anno MCCXLIII » (*Coll. Périg.* t. LIV, p. 8 et cf. deux autres actes de 1243 aux pp. 6 et 7); — 1244 : deux actes du comte Helias (*Coll. Périg.*, t. LIV, p. 10 sq. et p. 14, cf. ci-dessus p. 30); — 1245 : « Helias Talairandi, comes Petragoricensis... quum Arcambaldus pater noster quondam comes Petragoricensis quitasset in perpetuum pro se et successoribus suis nobili viro Bosoni de Granholio et ejus successoribus omne jus quod habebat... in castro de Granholio... mense januario MCCXLV » (Viton, p. 28 et cf. un autre acte de 1245 dans la *Coll. Périg.*, t. LXXVIII, p. 42); — 1246 : un long rapport dressé par Pons de Ville contre le comte Helias et ses partisans (*Coll. Périg.*, t. LXX, p. 210 sq., cf. ci-dessus, p. 136, note); — 1246, novembre, voy. Teulet, *Layettes du Trésor des chartes*, V, n° 3568, p. 644-5; — 1247, juillet, voy. *ibid.*, III, n° 3608-9, p. 14; — 1247 lettre d'Innocent IV : « Nobili viro comiti Petragoricenci et... Comitissae uxori suae... Arragonum regis ill. cui tu, filia comitissa, linea consanguinitatis attingis » (*Coll. Périg.*, t. LIV, p. 23); — 1251 : « Domina Galharda Petragoricensis comitissa,

au mois de juin de 1254 il reçoit des ordres du roi d'Angleterre; en 1257 et en 1258, étant majeur, il passe seul des actes avec Guillem de Montpont et avec la ville de Périgueux: à partir de cette date, jusqu'à la fin du XIIIe siècle environ, nous avons de nombreux actes de lui; c'est à tort que toutes les généalogies lui donnent pour première femme Marguerite de Limoges, veuve d'Aimeri de Rochechouart, par une confusion bizarre avec la femme de son bisaïeul Helias VII Talairan, tandis qu'en réalité il n'avait qu'une seule femme, Marie[1].

uxor quondam praedicti comitis (Heliae Talairandi) et Archambaldus eorum filius » (*Coll. Périg.*, t. LXXVIII, p. 55-6).

1. ARCHAMBAUT II. — 1251: voy. ci-dessus l'article de Helias VIII; — 1254 février : « Archambaldus comes Petragoricensis... de auctoritate et voluntate venerabilium virorum Aymerici Samathie Archidiaconi et R. de Turribus magistri scholarum Petrag. et abbatis de Cancellata et Geraldi de Mezeirolas militis, tutorum seu curatorum nostrorum... Datum II id. Febr. anno Domini MCCL quarto » (*Coll. Périg.*, t. LXXVIII, p. 63); — 1257 et 1258, trois actes (*Coll. Périg.*, t. LIII, p. 301 et t. LXXVIII, p. 62 et 66-7). — Sa femme MARIE est attestée en 1270 d'après Dessalles, II, 44. — Quant à MARGUERITE de Limoges, veuve d'Aimeri de Rochechouart, que toutes les généalogies lui donnent comme première femme, il s'agit d'une simple confusion. Marguerite, fille de Guy V, vicomte de Limoges, épousa Aimeri de Rochechouart, fils d'Aimeri, attesté avec son père en 1235; en 1242, le père, le fils, et Marguerite, femme de ce dernier, passent un accord avec Guy, vicomte de Limoges et, la même année, Aimeri, vicomte de Rochechouart, le jeune, reçoit un acte d'Alphonse de Poitiers; en 1244, Aimeri, vicomte de Rochechouart, fait un nouvel accord avec Guy de Limoges, son beau-frère; en 1245, Marguerite, vicomtesse de Rochechouart, évidemment veuve, prête hommage à Alphonse de Poitiers; elle fit son testament en 1252, passa un acte en 1255 et mourut le 12 septembre 1259 (pour les documents en question; voy. *Coll. Périg.*, t. LIV, p. 16 et 29, Bibl. Nat. *ms. lat.* 17118, p. 263 et *Hist. de la maison de Rochechouart* par le général comte de Rochechouart, Paris, 1859, t. I, p. 78-84 et t. II, p. 278-80). Margue-

La lignée des comtes de Périgord fut continuée, au XIVe siècle, par Helias IX fils du précédent, ensuite par deux fils de celui-ci, Archambaut III qui décéda sans postérité et Roger Bernard I qui eut pour successeurs son fils Archambaut IV et son petit-fils Archambaud V avec lequel la vieille famille des comtes s'éteignit, après quoi le comté passa, en 1399, à la couronne.

rite, qui fit son testament en 1252, étant veuve et mère de cinq fils, et qui mourut en 1259, ne peut pas avoir été femme d'Archambaut II, qui ne devint majeur que vers 1257. Voici une explication de cette erreur. On savait qu'une Marguerite de Limoges, veuve d'Aimeri de Rochechouart, épousa un comte de Périgord, suivant Geoffroi de Vigeois : c'était la fille du vicomte Aimar II et femme du comte Helias VII Talairan. On transféra cette information, par simple confusion, sur l'autre Marguerite de Limoges, de deux générations plus jeune, qui était, elle aussi, femme et veuve d'un autre Aimeri de Rochechouart et on la donna pour femme en secondes noces, à Archambaut, qui était comte de Périgord à cette époque.

Tableau

ALDOIN,
comte 886-916.

ANCIA,
ímar de Poitou,
vers 926.

GUILLEM TAILLEFER,
comte 916-962.

ARNAU
† avant 9

ARNAUT,
tige des comtes d'ANGOULÊME.

HEI
comte d
† ver

MARTIN,
évêque de Périgueux,
991-1000.

l,
après 1032,
o et de Grignols,
72.

AÏNA,
ffroy de Poitou, 1043.

GUIL
co

POIGUILLEM,
rs 1143.

RAIMON,
évêque de Périgueux 1142-58,
archevêque de Bordeaux 1158/9.

HELI
atteste
fem

RAMNULF,
ne à La Faise.

JORDANA,
femme du vicomte de Comborn.

X
n germain de Helias VIII).

BOSON SEIGNEUR DE GRIGNOLS,
atteste 1238 et † avant 1251,
e la famille de TALLEYRAND-PÉRIGORD.

co

WULGRIN.

WULGRIN.

GÉNÉALOGIE DES VICOMTES DE TURENNE, DE VENTADORN, DE COMBORN, DE LIMOGES

(Xe-XIIIe s.)

La plus ancienne généalogie des quatre maisons vicomtales du Limousin (« li quatre vescomtat de Lemozi » dit Bertran de Born dans « Ges no mi desconort »), issues toutes de la même souche, a été dressée, pour les XIe et XIIe siècles, par le célèbre chroniqueur du pays, Geoffroi de Vigeois, qui mourut après 1184. Ne connaissant directement que la seconde moitié du XIIe siècle, il avait recours, pour l'époque ancienne, à des traditions de famille qu'il dit tenir du vicomte Èble le Chanteur par l'intermédiaire d'un abbé d'Uzerche (fin du chap. 25); pour quelques détails il s'appuyait sur des souvenirs d'autres personnes (chap. 25); enfin il consultait des documents (chap. 41). Ses renseignements sont, sauf pour les origines, d'ordinaire exacts mais souvent incomplets. Il omet, dans ses listes des descendants, la plupart des filles et il lui arrive de ne pas connaître tous les enfants mâles. Nous plaçons ses généalogies en tête de chaque article. — Aux XVIIe et XVIIIe siècles, quatre érudits, Justel, un Anonyme, Moreri et Nadaud, se sont occupés d'une ou de plusieurs de ces familles. Ils prennent tous comme base, pour les origines, le récit de Geoffroi de Vigeois et ne s'écartent pas en général des données qu'ils y trouvent, tout en ajoutant des informations tirées des documents qu'ils ont connus. Les lacunes et les erreurs sont assez nombreuses et parfois importantes dans ces travaux généalogiques, qui ont toutefois le mérite, surtout les deux premiers, d'être sérieux et consciencieux. — Depuis 1760 environ ces généalogies n'ont pas été soumises à un examen critique. Notre tableau se base sur les documents authentiques auxquels nous renvoyons aussi brièvement que possible[1].

1. Dans la première partie de la chronique de Geoffroi de Vigeois les généalogies des vicomtes de Turenne, de Ventadorn et de Comborn se trouvent aux chapitres 23, 24, 25, celle des vicomtes de Limoges suit au chapitre 41 (Labbe, *Bibliotheca Novissima Manuscriptorum*, Paris, 1657, t. II, pp. 290-1 et 300, ainsi que Bouquet, *Recueil des historiens de France*, t. XII, 423-7). A la fin des trois chapitres consacrés aux vicomtes de Turenne, de Ventadorn et de Comborn, Geoffroi dit : « Haec Petro Mattaei quondam abbate Usercensi narrante percepi, qui ab ipsius Eboli Cantoris ore haec se audivisse fatetur » (ch. 25). Eble, vicomte de Ventadorn vivait vers 1075-1147. Pierre Mathieu était abbé 1163-1168. Au cours du récit sur le meurtre d'Ebles II, vicomte de Comborn, on lit : « Hunc defunctorum more abluit Stephanus Biaudrix, sicut mihi enarravit filius ejus Stephanus Biaudrix prior Tutellensis » (chap. 25). Enfin, en énumérant les fils du vicomte Adémar de Limoges au XIe siècle il ajoute : «... ut patet ex quadam litera quae habetur in cartulario Ecclesiae Lemovisensis » (chap. 41). — Christofle Justel, *Histoire généalogique de la maison de Turenne*, Paris 1645, se base sur de nom-

Origines communes

(Geoffroi de Vigeois : « Tempore Othonis Romanorum imperatoris Archambaldus vicecomes Combornensis praelia multa gessisse, reginam de adulterio accusatam usque ad

breux documents et donne, dans les preuves, des excursus sur les trois autres familles. — Une généalogie des quatre maisons provenant du XVIIe siècle, et dont l'auteur est inconnu, a été publiée sous le titre *Généalogie de la maison de Comborn en bas Limousin* par M. l'abbé J.-B. Champeval d'après le ms. qu'il possède aux tomes XI et XII du *Bulletin de la société scient. hist. et archéol. de la Corrèze* années 1889 et 1890. Voici ce que l'éditeur dit sur la personne de l'auteur : « Nous aurions songé à attribuer ce savant travail à Étienne Baluze... Mais une note qui viendra en son lieu (elle n'a pas paru) nous en fait reporter le mérite à un de ses contemporains, mais non compatriote. Quel est cet érudit? Nous ne savons » (XI, 131). Le manuscrit « de 128 pages enserrées sous un cartonnage jaspé » contenait les généalogies aux p. 1-66 et les preuves aux p. 67-112 : les premières seules (1-66) ont été publiées par M. l'abbé Champeval. — Louis Moreri donne dans son *Grand Dictionnaire Historique*, Paris, 1759, des articles sérieux sur Comborn (III, 852-3) et sur Turenne (V 384-5). — Un érudit limousin du XVIIIe siècle, l'abbé J. Nadaud (1712-75) laissa un *Nobiliaire du diocèse et de la généralité de Limoges* publié par l'ab. Roy-Pierrefitte en 1856-70 où l'on trouve des articles consacrés à toutes ces familles (I, 466, III, 89, IV, 217, IV, 247) avec une lacune dans le ms. à l'article des vicomtes de Limoges pour les années 975-1180. — M. Alfred Leroux, *Géographie historique du Limousin*, Lim., 1909, donne aux p. 350 sq. un aperçu, en grandes lignes, des seigneuries féodales. — Les documents que nous citons sont le plus souvent tirés des cartulaires monastiques de la région, dont certains sont publiés, d'autres inédits. Voici les indications bibliographiques. Pour l'époque ancienne les cartulaires les plus importants sont ceux d'Uzerche (*Cartulaire d'Uzerche*, éd. J.-B. Champeval, Paris et Tulle 1901) et de Tulle (*Cartulaire des abbayes de Tulle et de Rocamadour*, éd. J.-B. Champeval, Brive 1906), deux recueils copieux, où l'on trouve parfois non des actes entiers mais seulement des extraits comprenant les noms des personnages (la publication n'est pas toujours aussi critique qu'on le souhaiterait probablement à cause de l'état des sources); les autres recueils imprimés sont : *Cartulaire de l'abb. de Beaulieu*, éd. Max. Deloche, Paris, 1859, *Cartulaires d'Aureil et d'Artige*, publ. p. G. de Seneville dans le *Bull. soc. arch. et hist. du*

fugam accusatorum agiliter defendisse narratur [note des éditeurs du recueil Bouquet : fabula mera]. Ipse Macellarius cognominatus est, quia sicut carnifex carnes securi in macello, sic iste truncabat ipse hostes in bello. Cum eo tunc erat Gulpherius ille de Turribus qui cognominabatur Archambaldus. Hic dicitur acquisivisse castrum de Torrenna quod erat contoratum. In introitu portae, dum viriliter pedem intromitteret, tanto impetu clausae ambae portae feruntur, ut pede graviter colliso pessime claudicaret : ex tunc Archambaldus Chamba-Putrida cognominatus est. Hic de [Beatrice] sorore Richardi Normannorum ducis genuit Ebolum cui Arberbus de Chananoian monachus de Userchia concessit insipienter villam de Bar, pro quadam correctione capituli irritatus, quam olim coenobio Usarciensi tribuerat. — Ebolus genuit Archambaldum, cujus matre legitima adhuc vivente, non legitime aliam duxit, de qua genuit Guillermum et Rotbertum. Cernens Archambaldus patrem diligere fratres plus quam se, unum ex illis, Rotbertum, occidit. Quapropter pulsus a patre, profugus factus est. Post dies multos accidit quod Archambaldus militem quemdam, qui olim in proelio patrem plaga insanabili vulneraverat, occidisset. Qua de re exhilaratus Ebolus, praecibus multorum, apud Tutellam, cum filio pacem fecit, deditque Guillelmo, consensu Archambaldi, castrum de Torena. Alii dicunt Guillelmum, de legitimo procreatum conjugio, castrum de Torena prae caeteris a patre

Limousin, t. XLVIII, année 1900, *Cartulaire de Cluny*, éd. A. Bruel, Paris, 1894 et suiv.; les recueils mss. de la Bibl. Nat. sont : un cartulaire important de l'abbaye d'*Obazine* ms. lat. nouv. acq. 1560 ; cartulaire de *Dalon* conservé par une copie de Baluze dans la collection arm. de Baluze, n. 375 ; les mss. lat. 9193-6 contiennent des copies des cartulaires de *Bonlieu* (9196), *Vigeois*, (9193), *St-Étienne de Limoges* (9193), *Meymac* (9194), faites par Dom Col; le ms. lat. 17 118 de Gaignières contient des copies provenant des cartulaires de *Solignac* et de *Glandiers*; dans la collection des « Antiquitates Benedictinae » de Dom Claude Estiennot, les mss. 12 476-8, consacrés au Limousin, contiennent entre autres des chartes de *Grandmont* et de *Bonnesaigues*; d'autres cartulaires de cette région qui se trouvent à la Bibl. Nat. (voy. la bibliographie des cartulaires de M. H. Stein) ne contiennent pas de documents concernant nos familles.

dono accepisse et quibusdam ex causis partem de terra sua non jure amisisse. — Archambaldus, qui vindicavit patrem et occidit fratrem, de Rotberga sorore vicecomitis de Rupecavardi genuit Archambaldum, Ebolum atque Bernardum. Isti diviserunt terram suam. Primus Archambaldus tenuit castrum de Comborno, Ebolus Ventadour, caeteras possessiones, castella et oppida, aequa lance diviserunt. Bernardo unusquisque [viginti] quinque mansos dedit, id est quinquaginta de communi, et Ecclesiam de Belmond, quae tunc non erat munita. » — Les deux premiers passages forment le début du chap. 23, le troisième le début du chap. 24.)

Archambaut Ier, vicomte de Comborn, dit Gamba Poirida, attesté dans quelques documents entre 962 et 988 et mort avant 999, épousa Sulpicia de Turenne (att. 962, 969, 970-86), par laquelle la vicomté de Turenne passa, après la mort du dernier descendant mâle de la première race des vicomtes de Turenne (avant oct. 984), en possession de la maison de Comborn. Geoffroi de Vigeois qui fait participer Archambaut à des événements fabuleux, ignore la vraie raison du passage de la vicomté de Turenne dans son pouvoir, car il ne sait rien de ce mariage et lui donne pour femme Béatrice de Normandie, probablement par confusion avec la première femme de son fils. Le surnom Gamba Poirida, que Geoffroi s'efforce d'expliquer, est attesté dans quelques Chartes (969, 986 et dans un acte de son fils 1014-22). Les enfants d'Archambaut et de Sulpicia étaient : Èble (dont l'article suit) et Archambaut (986, 999, v. 1000)[1].

1. Archambaut Ier Gamba Poirida. — 962 oct. : « Signum Arcambaldi vicecomitis, s. Sulpiciae uxoris meae » (*Cart. Tulle*,

Èble Ier est attesté dans plusieurs documents entre 999 et 1030. Il était marié deux fois : avec Béatris (att. 1001, 1006 et dans deux actes s. d.), qui était mère au moins des deux premiers fils, et avec Petronilla (att. 1030). Ses fils Guillem et Archambaut sont attestés avec lui dans plusieurs actes, le premier à partir de 1001, le second dès 1006, tandis que deux autres, Èble et Robert, n'apparaissent qu'en 1030. Il paraît avoir eu d'autres fils encore (voy. la fin de la note sur Èble Ier). Le récit de Geoffroi de Vigeois sur Èble et ses fils n'est pas bien exact et, du reste, il dit lui-même que ses informations ne concordent pas. Archambaut ne fut pas l'aîné, car Guillem apparaît avant lui et figure toujours le premier. L'existence du troisième fils Èble est inconnue de Geoffroi. L'assassinat du quatrième, Robert, par son frère Archambaut, du vivant de leur père, est contredit par les documents, car Robert figure à côté d'Archambaut après la mort d'Èble Ier (voy. le premier et le deuxième acte d'Archambaut II). Èble Ier s'associa ses deux premiers fils dès

n° 90, p. 67); 969 : « Archambaidus vicecomes qui cognominatur cama poirida et uxor sua Sulpicia... abbas Geraldus... Lothario rege anno XV » (*Cart. Tulle*, n. 345, p. 199, Géraud Ier 966-78, roi Lothaire 954-86); s. d. : « Quo defuncto (vicecomite de Torena) Archambaldus de Combor Camba Putrida vocitatus et Ramnulphus Cabridellus qui singuli singulas habebant filias huius vicecomitis » (*Cart. Tulle*, n. 290, p. 173, mention en partie inexacte dans un acte du XIe s.) ; 970-86 : « Signum Archambaldi honorabilis, s. Sulpiciae uxoris suae » (*Cart. Uzerche*, n° 31, p. 65); 986 : « S. Arcambaldi vicecomitis qui cognominatus est Camba Putrida, s. Ebali et Arcambaldi filiorum ejus » (*Cart. Tulle*, n. 46, p. 50); 988 : « Arcambaldus vicecomes » (*Cart. Tulle*, n. 141, p. 89); voy. encore *Cart. Tulle*, n. 511, p. 274.

son vivant, car dans quelques actes ils sont appelés vicomtes, comme lui-même, et les donations sont faites avec leur consentement[1].

Guillem, l'aîné, reçut la vicomté de Turenne, sans doute parce qu'elle était la plus importante, et dé-

1. Eble I. — 999 : « Signum Eboli vicecomitis, s. Archambaldi fratris ejus... anno tertio regnante Rotberto rege » (*Cart. Uzerche*, n. 400, p. 232) ; s. d. vers 1000 : « S. Eboli vicecomitis, s. Willelmi filii ejus, s. Archambaldi vicecomitis » (*Cart. Uzerche*, n. 459, p. 258) ; 1001 : « Ebolus et uxor mea nomine Beatrix et filius meus Guillelmus » (*Cart. Uzerche*, n. 475, p. 267) ; s. d. après 1003 : « Ebolus vicecomes, Willelmus filius ejus » (*Cart. Uzerche*, n. 491, p. 240) ; 1006, juin : « Ebolus vicecomes, Willelmus filius suus, Archambaldus filius suus, Beatrix uxor sua » (*Cart. Uzerche*, n. 772, p. 331) ; 1006 : « Ebolus vicecomes, Willelmus et Archambaldus filii ejus » (*Cart. Uzerche*, n. 1250, p. 454) ; s. d. : « S. Ebali vicecomitis et Willelmi et Archambaldi filiorum suorum » (*Cart. Tulle*, n. 535, p. 288) ; s. d. : » Ebolus vicecomes, Beatrix uxor, Guillelmus et Archambaldus filii » (*Cart. Uzerche*, n° 875, p. 356) ; s. d. : « S. Eboli, s. Beatricis, s. Willelmi, S. Archambaldi » (*Cart. Uzerche*, n. 449, p. 254) ; s.d. : « S. Ebali vicecomitis nobilis, s. Willelmi filii sui » (*Cart. Tulle*, n. 533, p. 286) ; s. d. avant 1014 : « Ebolus vicecomes et Guillelmus et Archambaldus filii ejus... Ilduinus episcopus » (*Cart. Uzerche*, n. 458, p. 257) ; 1014-22 : « Ebalus vicecomes, Arcambaldus filius ipsius Ebali » (*Cart. Tulle*, n. 128, p. 85) ; s. d. après 1014 et vers 1020 : « Ebalus nobilissimus vicecomes filius Arcambaudi Cambaputrida... in diebus Geraldi Lemov. epis. et Petri ab. » (*Cart. Tulle*, n. 88, p. 66) ; s. d. : « s. Ebali vicecomitis, s. filiorum suorum Willelmi vicecomitis et Archambaldi vicecomitis » (*Cart. Tulle*, n. 335, p. 195) ; s. d. : « S. Ebali vicecomitis, nobilissimi et fil. suor. Guillelmi et Arcambaldi vicecomitum » (*Cart. Tulle*, n. 488, p. 261) ; s. d. : « Ebalus vicecomes nobilis qui fuit filius Arcambaldi senioris et uxor ejus Petronilla... de consensu filiorum suorum Arcambaldi et Willelmi » (*Cart. Tulle*, n. 152, p. 91) ; 1030 : « Ebolus vicecomes et uxor mea Petronilla... Guillelmus filius ejus, Archambaldus filius ejus, Ebolus filius ejus, Rotbertus filius ejus » (*Cart. Uzerche*, n. 441, p. 250) ; un fils d'Èble qui peut-être mourut jeune serait attesté dans une mention sans date, s'il n'y a pas d'erreur : « S. Eboli vicecomitis, s. Willelmi filii sui, s. Archambaldi filii sui, s. Geraldi filii sui » (*Cart. Uzerche*, n° 489, p. 239).

sormais c'est un domaine et une branche à part[1].

Archambaut II, second fils d'Èble, eut pour sa part la vicomté de Comborn. Il succéda à son père après 1030 et fut tué en bataille avant 1059. Geoffroi de Vigeois l'ignore, mais un acte le dit expressément. Sa femme Rotberga, qui était, suivant Geoffroi, de la maison de Rochechouart, est attestée avec lui vers 1030 et 1037, et après la mort d'Archambaut dans plusieurs actes de ses fils jusqu'en 1088. Leurs enfants étaient : Archambaut, Èble, Bernard (peut-être encore un quatrième fils, Gaufred, voy. p. XXX, acte av. 1067), et deux filles, Unia, femme de Rigaut de Carboneiras (1070) et Agnès, femme de Peire de Bre (v. 1071). Archambaut, son fils aîné, reçut le domaine de Comborn, Èble, le second, la seigneurie de Ventadorn, qui devint bientôt une vicomté à part. Bernard, le troisième fils, ne fut d'abord pourvu d'aucun fief important, mais bientôt la vicomté de Comborn passa en sa possession, et c'est lui qui est la tige des vicomtes de Comborn à partir de la fin du XIe siècle[2].

1. GUILLEM vicomte de Turenne : voy. son article ci-dessous dans le chapitre des vicomtes de Turenne.

2. ARCHAMBAUT II. — Après 1030 : « S. Arcambaldi vicecomitis, s. Eboli et Rotberti fratrum suorum » (*Cart. Tulle*, n. 478, p. 256); après 1030 : « Archambaldus vicecomes, (cuius) Ebolus pater, Rotbertus frater, Rotberga uxor, Archambaldus filius et Ebolus frater ejus » (*Cart. Uzerche*, n. 452, p. 254 et n. 461, p. 258); vers 1037 : « Rotberga vicecomitissa... perhibuit Archambaldus vicecomes » (*Cart. Uzerche*, n. 496, p. 275); 1048 : « Arcambaldus vicecomes » (*Cart. Uzerche*, n. 460, p. 258 et n. 842, p. 344); s. d., avant avril 1059, les enfants d'Archambaut Ier, après sa mort : « Ego Archambaldus et frater meus Ebalus et mater nostra nomine Rotberga... pro anima patris nostri Archambaldi

Avant le milieu du XIIe siècle une branche de la maison de Comborn prit, grâce à un mariage, possession de la vicomté de Limoges, comme jadis de celle de Turenne.

C'est ainsi que, dans la maison fondée par Archambaut Gamba-Poirida de Comborn et par Sulpicia de Turenne, la branche aînée reçut après 1030 la puissante vicomté de Turenne ; dans l'autre branche, l'aînée forma après 1086 la vicomté de Ventadorn, la cadette prit celle de Comborn ; dans cette dernière, la branche aînée alla en 1138 à l'importante vicomté de Limoges, la cadette resta à la vicomté de Comborn qui, étant le berceau des quatre maisons vicomtales du Limousin, se trouva être au XIIe siècle, la dernière dans l'ordre d'aînesse.

Vicomtes de Turenne

(Geoffroi de Vigeois : « GUILLELMUS genuit BOSONEM. Boso genuit RAYMUNDUM et ARCHAMBALDUM DE RIBEIRAC et EBOLUM abbatem Tutellensem, qui apud S. Martialem Lemovicas sepultus est. RAYMUNDUS, cuius nomen scribitur in denario publicae monetae, de MATHILDE quae fuit soror comitis del Perche, genuit BOSONEM qui occisus est a la Rocha S. Pauli. Boso de filia Bernardi de Andusa de Aleth quae dicitur EUSTORGIA genuit RAYMUNDUM. Iste multas possessiones acquisivit, castrum de Brassac de vicecomite Guillermo comparavit, principatum castelli Salagnaciensis de Raymundo

qui gladio corruit... Aenrico rege (1031-60)... S. vicecomitum de Comborn Archambaldi, Ebali et Bernardi et Rotbergae matris eorum » (*Cart. Tulle*, n. 399, p. 219) ; avril 1059 : « Carta absolutionis Archambaldi vicecomitis, Eboli et Bernardi fratrum ejus, quorum pater Archambaldus... Constantinus abbas... » (*Cart. Uzerche* (n. 310, p. 196).

comite Tholosano obtinuit. Hic de HELIS filia Bernardi de Castelnau genuit RAYMUNDUM qui vulneratus est in capite et BOSONEM qui igne crematus est dum haberent eum hostes obsidem. » — Suite du chap. 23 dont le début a été rapporté ci-dessus p. 150).

Guillem Ier succéda à son père Èble Ier, à la vicomté de Turenne seule, après 1030 et décéda avant 1074[1].

Boson Ier, fils de Guillem, fut vicomte en 1074 au plus tard et mourut à Jérusalem en 1091. Sa première femme, Contors de Terrasson (att. 1074) ne lui donna aucun enfant. De la seconde, Gerberga (att. 1091, 1092, morte 1103), il eut cinq fils : Raimon, son successeur à la vicomté (son article suit), Archambaut, qui reçut la seigneurie de Ribérac (att. 1091, 1116 et mort 1117), Guillem, qui ne vivait pas en 1105 (voy. à cette date) et Èble, moine et puis abbé de Tulle (voy. 1091 et cf. encore 1043, il vivait jusqu'en 1152), ainsi que deux filles : Alpaïs, femme du comte d'Armagnac (att. vers 1111-37) et Stefana, femme d'Uc de Belcastel (att. vers 1115), peut-être encore une troisième qui paraît avoir épousé un seigneur de Malamort[2].

1. GUILLEM Ier. — Voir ci-dessus, p. 153, note sur Èble Ier : les années 1000, 1001, 1003, 1006, ensuite deux actes sans date, où il est appelé, du vivant de son père, vicomte, ainsi que son frère, enfin, 1030; voy. aussi ci-dessous un acte de Raimon Ier passé avant 1103, dans lequel il mentionne son grand-père Guillem.

2. BOSON Ier. — 1074 : « Boso vicecomes de Torena cum uxore mea nomine Comptors... Geraldus abbas... Petrus comptors de Terracio, Comptors uxor Bosonis de Torena » (*Cart. Uzerche*, n. 271, p. 187); — s. d. v. 1068-74 : Petrus comptors de Terracio, Comptors uxor Bosonis de Torena » (*Cart. Uzerche*,

Raimon Ier qui succéda à son père en 1091 est attesté dans plusieurs actes jusqu'en 1122. Sa femme Macut du Perche épousa, d'après Geoffroi de Vigeois, en secondes noces, Guy le Gros de Las Tours et mourut le 25 mai 1143. Leurs enfants étaient : Boson dont l'article suit et deux filles, Margarita femme d'Aimar, vicomte de Limoges, puis d'Èble, vicomte de Ventadorn, et enfin de Guillem Taillefer, comte d'Angoulême, et Magna femme d'Aimeri de Gourdon, toutes les deux attestées en 1143[1].

n. 256, p. 182) ; — sans date, 1078-1084 : « Archambaldus vicecomes [de Comborn] et Boso consanguineus ejus vicecomes de Torena... Fruinus abbas » (*Cart. Uzerche*, n. 261, p. 183) ; s. d. « Boso vicecomes de Torena... Geraldus abbas » (*Cart. Uzerche*, n. 327, p. 283) ; s. d. : « annuente Bosone vicecomite et Raimundo filio ejus » (*Cart. Tulle*, n. 562, p. 274 ; — début 1091 : « Bosone vicecomite » (*Cart. Tulle*, n. 492 p. 263) ; — 1091 : « Boso vicecomes Torenensis castri et uxor mea nomine Guiberga obtulimus filium nostrum nomine Ebalum... annuentibus filiis nostris Reymundo et Archambaldo » (*Cart. Tulle*, n. 498 p. 265) ; — 1091 : « Boso vicecomes et uxor ejus Girberga et eorum filii Raimundus scilicet et Archambaldus » (n. 501, p. 267) ; — 1091 : « Boso... in Jerusalem quando obiit... uxor ejus et filii authorizaverunt » (n. 500, p. 266) ; — sur la femme et les fils de Boson, voy. encore la note qui suit ; — 1111-1137 : « Alpaiz uxor comitis d'Ermeniac quae fuit filia Bosonis vicecomitis Torennensis » (*Cart. Tulle*, n. 513, p. 274) ; — vers 1115 : « Stephana de Bellocastro, soror Raymundi vicecomitis de Torena, uxor Ugonis de Bellocastro... in manu Ebali abbatis fratris sui » (*Cart. Tulle*, n. 526, p. 282) ; Duchesne, *Hist. des ducs de Bourgogne*, P. 1619, croit que Maheut, femme d'Hugues II, duc de Bourgogne, était fille de Boson de Turenne ; enfin, on lit dans un acte s. d. : « Petrus de Malamort nepos Raimundi vicecomitis in litteris absolutionis » (*Cart. d'Uzerche*, n. 269, p. 187).

1. Raimon Ier. — 1092 : « Raymundus vicecomes filius Bosonis et mater ejus » (*Cart. Tulle* n. 99, p. 266) ; — 1096 : « Quando volui pergere Jerolosimis cum Raymundo vicecomite Torennensi... cum auctoritate Raimundi vicecomitis » (*Carte Tulle*, n. 517, p. 276, et n. 644, p. 416) ; — avant 1103 : « Raimundus vicecomes de Torena, pro anima patris mei Bosonis et avi mei

Boson II, qui devint vicomte après 1122, fut tué en combat, à la Roche Saint-Paul, au mois de juin de 1143. Sa femme Eustorgia (att. vers 1143) se remaria avec un seigneur de la famille de Gourdon (voy. p. 55). Le fils unique de Boson et d'Eustorgia, Raimon, était enfant posthume, né quatre mois après la mort de son père[1].

Guillelmi et pro salute animae meae ac matris meae vel omnium parentum meorum vivorum atque mortuorum » (*Cart. Uzerche*, n. 265, p. 185); — 1103 : « Mater Raymundi vicecomitis Torennensis et domni Ebali abbatis » (*Cart. Tulle*, n. 504, p. 271); — 1103 : « Raymundus vicecomes de Torena... pro anima matris suae Guirberganae que sepulta est apud Tutelam » (*Cart. Tulle*, n. 505, p. 272); — 1105 : « Raimundus vicecomes de Torena... pro anima fratris sui Willelmi » (*Cart. Tulle*, n. 506, p. 272); — 1116 : « Ego Raymundus vicecomes Torennensis... in manu domni Ebali abbatis... concessit frater meus Arcambalbus vicecomes de Ribairac » (*Cart. Tulle*, n. 510, p. 273); 1117 : « Raimundus vicecomes de Torenna... pro animo fratris sui Arcambaldi » (*Cart. Tulle*, n. 507, p. 272; cf. sur lui ci-dessus, p. 27;) — s. d. : « Raimundus vicecomes de Torenna poenitentia ductus » (*Cart. Uzerche*, n. 266, p. 185, et cf. n. 277, 278, 282, 283, p. 189-190, et n. 815, p. 375); — 24 sept. s. a. : « Raimundus de Torena perhibuit dona Bosonis patris sui, Archambaldi et Bernardi vicecomitum » (*Cart. Uzerche*, n. 528, p. 283); s. d. : « Raimundus vicecomes de Torenna dedit mansum de la Cumba qui est in parrochia de Lenairac... temporibus Ludovici regis et Eustorgii Lemovicensis Episcopi (1106-1137)... De hoc mansu redunt... temporibus Ademari (1124-64) abbatis Vosiensis » (Bibl. Nat. *ms. lat.* 9193 de Dom Col p. 554, n. 83); — 25 février 1122 : « domnus Raimundus vicecomes de Torenna » (*Cart. Uzerche*, (n. 1091, p. 430); — Geoffroi de Vigeois, chap. 51 : « 1143... Mathildis uxor quondam Raimundi de Torena obiit V Cal. junii et a Guidone (de Turribus) qui cognominabatur Grossus viro suo... tumulata ... » (Labbe, *Bibl. N. Mss.*, II, 306), et chap. 53 : « Ebolus abbas Tutellensis... iste fuit frater Raimundi de Torenna et Archambaldi de Ribeyrac et filius Bosonis » (*ibid.* p. 307); sur les fils et les filles de Raimon Ier, voy. la note qui suit.

1. Boson II. — Geoffroi de Vigeois, chap. 53 : « 1143... Post obitum matris (Mathildis V Cal. junii) Boso vicecomes de Torena infra unum mensem occisus est... Uxor illius, Eustorgia

Raimon II, né en 1143, apparaît dans un grand nombre de chartes dès 1160. Il se croisa en 1191 et mourut la même année en Terre Sainte. Il épousa Hélis de Castelnau qui entra au monastère d'Obazine en 1209 et y vivait encore en 1214. Ils avaient trois fils et trois filles. Boson III, l'aîné, mentionné deux fois par Bertran de Born (80, 10 et 80, 43), succéda à son père en 1191 et mourut après 1197 et avant 1200 ne laissant que deux filles. La vicomté passa au cadet, Raimon III, marié avec Hélis de Sévérac qui ne lui donna qu'une fille, Hélis, mariée à Helias Rudel de Bergerac. Après 1235, le troi-

dicta, tunc gravida, post menses quatuor unicum ex Bosone defuncto filium genuit Raimundum » (Labbé *Bibl. N. Mss.* II, 306) ; — 21 déc. 1143 : « Hoc autem donum fecerunt pro anima Bosonis vicecomitis de Torena, qui gladio corruit, XII Kal. januarii, die quo sepultus fuit, Ademarus vicecomes Lemovicensis et Aimericus de Gordo, mariti duarum sororum Bosonis, Mangnae et Margaritae... MCXLIII... in manu Ebali abbatis Tutellensis patrui ipsius Bosonis » (*Cart. Tulle*, n. 490, p. 261) ; s. d. : « Eustorgia vicecomitissa de Torenna quæ conjux fuit Bosonis vicecomitis de Torena, qui cum armis repente mortuus est, terram et boscum de Masairolas dedit pro anima ejusdem domini sui... cum consilio baronum suorum » (*Cart. Uzerche*, n° 257, p. 182); — vers 1143 : « Cum res noviter geste cito traduntur oblivioni, volumus mandare memorie futurorum quod Boso vicecomes Turenensis visitavit pauperes Obazine apud ecclesiam... Interim vulneratus et festina morte coactus, posuit testamentum suum super uxorem suam et ejus consiliarios. Unde ipsa... (un don)... Hoc donum fuit factum in aula Turenensi, in manu domini Stephani prioris de Obazina, osculata manu ipsius prioris a vicecomitissa in signum vere oblationis. Epo Geraldo et Rege Ludovico » (*Cart. d'Obazine*, fol. 22); — Sur les sœurs de Boson, voy. pour Margarita, ci-dessous l'article des vicomtes de Ventadorn, note sur Èble III, et l'article des vicomtes de Limoges sur Aimar IV ; pour Magna voy. ci-dessus, p. 50 ; sur sa femme Eustorgia, voy. encore p. 55 ; l'article de son fils Raimon suit.

sième fils, Raimon IV, d'abord seigneur de Servières, hérita à son tour de la vicomté et continua la lignée. Les trois filles de Raimon II étaient : Contors, Hélis et Maria[1].

1. RAIMON II. — 1160 : « Raimundus vicecomes de Toronia dedit Obazinensi monasterio ad caput pontis qui est ad Sanctum Palladium quandam terram ut edificaretur ibi grangia et mutuavit eam e Petro Faidit per alia terra que est de manso d'Arzileir. Petrus etiam Faidiz concessit eandem terram predicto monasterio. Hoc autem factum est in manu Giraldi secundi abbatis Obazine (1160-63), audientibus... anno ab incarnatione Dni MCLX, rege Lodoico et episcopo Giraldo » (*Cart. Obazine*, fol. 35 verso, et fol. 292 recto): — 1163 : « ... rege Lodovico et epo G. et vicecomite Raimundo » (*Cart. Obazine*, fol. 44); — 1163 : Raimon, vicomte de Turenne, reçoit l'hommage de Rainaut vicomte de Gimel (Justel, *Hist. généal. Turenne*, preuves, p. 34); — s. d., vers 1165, bientôt après le mariage du vicomte et avant la naissance de ses fils : « Raimundus, vicecomes de Torena, volens ire ad visitandum limitem Beati Jacobi apostoli, causa orandi, testamentum suum composuit. Dedit videlicet Obasinensi monasterio omne jus quod sui juris fuerat in Montanach cum omnibus pertinenciis suis, post mortem suam, si heredem ex uxore non habuerit. Si autem heredem ex uxore habuerit, dedit predicto monasterio mansum de Reigadas. Concessit etiam omnes terras que ditioni ejus subjacebant, quas idem monasterium in die presentium possidebat », suivent cinq ou six lignes blanches (*Cart. Obazine*, fol. 59 et cf. L. Guibert, *Notice sur le cart. d'Obazine*, dans le *Bullet. soc. let. sc. ar. de la Corrèze*, 1889, p. 455, n. 3); — 1167 : Voy. sur une charte de cette année p. 22; — s. d. : « inierunt certamen in manu Raimundi vicecomitis » (*Cart. Uzerche*, n. 258, p. 182); — 1173 : « Raimundo vicecomite de Torena » (*Cart. Obazine*, fol. 105); — 1178 : « Bernardus de Durfort et uxor ejus Berengueira et Bertrandus filius eorum dederunt Obazinensi monasterio... in nemore mansi de La Scolia... et Bernardus de Castello novo et Garinus de Castello novo et Ugo filius ejus et Bernardus lo Gros de Castello novo... in manu Raimundi vicecomitis de Torena et ut hoc donum firmius teneretur isdem Raimundus vicecomes fecit fiduciam » (*Cart. Obazine*, fol. 144 et 284 recto); — 1178 : « ... per la senioria que-l coms Willelmes d'Alvergne avia a Sain Cere donada al vescomte Raymun de Torena, Rigalz de S. Cere e n'Ugo vengo devan lo vescomte Raimun cum devan lor senior... » (voy. la charte publ. à l'appendice III); —

Vicomtes de Ventadorn

(Geoffroi de Vigeois : « EBOLUS de Ventadour, de Almode sorore Alduini Borrel, patris Roberti de Monbrond genuit EBOLUM qui usque ad senectam alacritatis carmina dilexit.

1178 : « Raimundus Torracinensis abbas assensu capituli sui dedit tres mansos, scilicet mansum Seguinene, m. d'Albuc et m. de La Vaicha de consilio Raimundi Turenensis vicecomitis... anno 1178 regnante Ludovico rege Francorum pacifico » (*Cart. Dalon*, cop. Baluze, p. 36, et cf. ms. lat. 17120, p. 118); — 1178 : « ... audierunt... Heliz vicecomitissa de Torena et Boso filius ejus et fecerunt fiduciam » (*Cart. Obazine*, fol. 142); — 1178 : « Anno 1178... feria V exeunte septembri, burgensis quidam cum familia sua, qui dicebatur Joannes de Cesana, apud Martellum, die clara, Raymundum vicecomitem de Torenna cepit, cunctisque videntibus in altam turrim ductum inclusit, quousque postridii placitum sibi jurarent multi barones, una cum Saibrando episcopo, restitui quae ipsi repetebant : liberatoque vicecomite, oculi privantur universi » (Geoffroi de Vigeois dans Bouquet *Rec. Hist. France*, XII, 407, et cf. sur le même exploit de « J. de Cusanza burgensis de Marteu » le récit, évidemment basé sur celui de Geoffroi, de Bernard Itier dans Duplès-Agier, *Chroniques de S. Martial de Limoges*, P. 1874, p. 59); — 1179 : voy. ci-dessous l'art. d'Aimar V, vic. de Limoges; — 1184, janvier : « Raimundus vicecomes de Torena ... in manu Geraldi abbatis... anno ab inc. Domini MCLXXXIIII, VI Kal. Februarii » (*Cart. Dalon*, orig., fol. 73, copie Baluze, p. 36); — 1184, octobre, acte de Raimon, comte de Toulouse : « ... tibi Raymundo vicecomiti Torenae omne dominium quod Bernardus de Castronovo, pater vicecomitisse uxoris tuae, possidet in Castronovo » (Justel, *Hist. gén. Turenne*, preuves p. 36); — 1187 : « ... Geraldus abbas Dalonensis... Factum est hoc in aula Torennae, praesente vicecomitissa, anno ab inc. Dom. MCLXXXVII » (*Cart. Dalon*, orig. 109, cop. Bal. p. 59); — 1190 : « Raymundus vicecomes de Torena... cum causa peregrinationis vellet proficisci ultra mare... Boso filius ejus... Heliz vicecomitissa uxor praedicti vicecomitis » (*Cart. Beaulieu*, éd. Deloche, nº 194, p. 272-3) : — HÉLIS, sa femme, et BOSON III, son fils : 1191 : « Haeliz, vicecomitissa de Torena, et Boso, vicecomes filius suus dederunt atque concesserunt Deo et Beate Marie et domui Obazine medietatem molendini de Tolnia per restitutionem dampni quod intulerant ipsi domui et grangiis suis cum exercitu quem conducebant ad construendum Rochadavit. Hoc autem factum est in aula Torenne

— Hic de Agne, filia Guillelmi de Montlusson, Arverniae castro, genuit EBOLUM. — Idem, cum reverteretur ab Hierosolymis, apud castrum Cassinum obiens tumulatur. Ipse, ex filia Guillermi de Montepislerio quae vocatur Alaiz, genuit plures. Primus GUILLELMUS, abbas Tutelensis equum dum ascenderet, adolescens corruens expiravit; alter EBOLUS, Cluniacensis monachus, decanus de Mauriac; item BERNARDUS monachus et abbas Tutelensis; GUIDO canonicus de Magalona; RAYMUNDUS et HELIAS canonici S. Stephani Lemovicensis; EBOLUS qui ex baptismo Archambaldus; itemque alius EBOLUS qui fratrem aliquoties praeliis vexavit. — Ebolus, qui et Archambaldus, ex Sibylla filia Radulfi de Faya qui fuit frater Guillelmi vicecomitis de Castelleyrac, genuit EBOLUM. — Cui (Ebolo) Ademarus vicecomes Lemovicensis filiam suam Mariam desponsavit sed sine haerede obiit. Post idem Ébolus de Maria sorore Raymundi de Torenna, genuit RAYMUNDUM et EBOLUM ». — Suite du chap. 24 dont le début a été rapporté ci-dessus p. 150.)

Èble Ier, deuxième fils d'Archambaut II, apparaît entre 1059 et 1086 dans plusieurs actes à côté d'Archambaut III, vicomte de Comborn, son frère aîné, sans porter lui-même le titre de vicomte. Plus tard, probablement à partir du moment où le troisième frère s'empara par un assassinat de la vicomté de

in manu Geraldi Caturcensis epi et Geraldi abbatis Obazine... anno ab incarnatione Dni MCXCI rege Philippo et epo Seebrando » (*Cart. Obazine*, fol. 229); — 1197 : « Raimundus vicecomes Torenensis, cum iter apud Yerusalem arripuisset... quin et vicecomitissa et dominus Boso filius ejus firmissime promiserunt... Testes fuerunt ipsa vicecomitissa... MCXCVII... » (Justel, *Hist. gén. Tur.* preuves p. 37); — HÉLIS et le second fils, RAIMON III : 1200 « Dominicus de Petrafunda... anno MCC. in manu Archambaldi prioris. Eodem anno confirmavimus hanc compositionem in manu Johannis abbatis... Ego Raimundus vicecomes Turennensis hoc concedo » (*Cart. Dalon*, orig. fol. 79, *ms. lat.* 17120, 124 verso, et cf. dans la copie de Baluze, p. 49 un extrait de cet

Comborn, Èble est nommé vicomte de Ventadorn. C'est que, ayant pour lui le droit d'aînesse, il n'abandonna pas le titre de vicomte et l'attacha à la seigneurie qu'il réussit à garder, et la nouvelle vicomté est désormais constituée. Il mourut en 1096. Sa femme était Aumode de Montberolf (vers 1090 et trois actes vers 1096). Ils avaient deux fils : Archambaut qui est toujours nommé le premier et doit avoir été l'aîné mais ne paraît pas avoir survécu de longtemps à son père, et Èble qui continua la lignée[1].

acte). Voy. dans le recueil des preuves de Justel et dans les cartulaires cités d'autres actes pour 1202, 1209, 1214, etc. — Sur les filles de Raimon II et de Hélis de Castelnau, voy. p. 34 sq. : ce sont « les trois de Turenne ».

1. Eble I. — Vers 1059 : voy. p. 154 l'article d'Archambaut II son père ; — 1062, 7 janvier 1068, 1062-72, 21 mars 1070, 1073-86, 1086 voy. p. 171 l'article d'Archambaut III son frère aîné ; — s. d. (mention dans un acte du xiie siècle) : « Sed Arcambaldus et Ebalus quos supra diximus fratres fuerunt : quorum unus, Archambaldus, vicecomitatum de Comborn habuit, alter vero, Ebalus, vicecomitatum de Ventedorn » (*Cart. Uzerche* n. 290 p. 173-5) ; — 1091 : « S. Ebali vicecomitis » (*Cart. Tulle* n. 547 p. 300) ; — s. d. : « Ebalus vicecomes de Ventadorn pater Archambaldi et Ebali » (*Cart. Tulle* n. 592 p. 316) ; — s. d. v. 1090 : « Ebalus vicecomes, Aalmodis uxor ejus, filii Archambaldus et Ebalus... Geraldo abbate... Bernardus vicecomes frater praedicti Ebali » (*Cart. Uzerche* n. 448 p. 253, cf. n. 1214 ci-dessous) ; — v. 1095 : « ... ego Ebalus vicecomes... testes sunt Arcambaldus filius meus... » (*Cart. Tulle* n. 411 p. 226) ; — 1096 : « Ebolus vicecomes de Ventedorn, pater Archambaldi et Ebali, in infirmitate qua defunctus est... Post mortem vero ipsius Ebali uxor ejus Almodis et filii ejus Arcambaldus et Ebalus... MXCVI... in manu Willelmi abbatis... » (*Cart. Tulle* n. 401 p. 221) ; — s. d. : « ... villam de Tellivart quam dedit nobis Rotberga vicecomitissa, annuente Bernardo filio suo... Authorizaverunt Archambaldus et Ebalus fratres una cum matre sua Almode de Montbe rolf ad obitum viri sui Ebali vicecomitis » (*Cart. Tulle* n. 347 p. 200) ; — s. d. v. 1096 : « Ebalus vicecomes, in extremis vitae

Archambaut Ier mourut avant 1106, laissant la succession à son frère Èble[1].

Èble II, attesté avec son père dès 1090 environ, et après 1096 avec sa mère et son frère aîné, fut vicomte dès 1106 au plus tard jusqu'en 1147 au plus tôt. C'était lui qui, d'après trois passages de Geoffroi de Vigeois, aimait les chansons et s'y distinguait lui-même, et auquel ce chroniqueur donne le surnom de Chanteur. Le troubadour Bernard de Ventadorn fait une allusion à l'activité poétique de ce vicomte (« Jamais no serai chantaire Ni de l'escola N'Eblon ») dans la chanson 70, 30, et un troubadour postérieur, Guiraut Cabreira, le nomme auprès de Marcabrun et de Jaufre Rudel comme auteur de vers, dans sa pièce sur la poésie, adressée au jongleur Cabra. Sa femme Agnès,

positus, dedit duos mansos de alodo suo in villa de Chause. Hoc perhibuit Aalmodis uxor ejus et filii ejus Archambaldus et Ebalus... Audiente Geraldo abbate... Similiter perhibuit Bernardus vicecomes frater ejus » (*Cart. Uzerche* n. 1214, p. 448).

1. Archambaut I et Èble II. — 1098 : « ... rege Philippo, Willelmo episcopo Lemovicensi, Bernardo vicecomite cum suis nepotibus bellante » (*Cart. Uzerche* n. 831 p. 341, cf. l'article de Bernard vicomte de Comborn); c'est des deux frères de Ventadorn qu'il s'agit et c'est à cette guerre que se rapporte un passage non daté de Geoffroi de Vigeois, où Archambaut et Èble apparaissent tous les deux avec leur frère (utérin) Peire de Peira Buffeira : « Ait [comes Pictavorum Guillelmus, le troubadorour] ad illum [Guidonem de Turribus] : Petrus de Petra Bufferia, Archambaldus et Ebalus fratres (mei), eras publice devastabunt terram Bernardi avunculi sui... Archambaldus interim terram cum multis avunculi vastans... » (Bouquet *Rec. Hist. Fr.* XII 445); on remarquera que le rôle d'Archambaut, l'aîné, est le plus marqué; — vers 1100-6 : « Concessit... Archambaldus vicecomes et frater ejus Ebalus de quibus move-

attestée avec lui en 1147, était, d'après Geoffroi de Vigeois, de la famille de Montluçon. Ils avaient trois fils nommés dans l'acte de 1147 : Archambaut dont le sort est inconnu, Èble qui succéda à son père (à moins qu'il ne s'agisse d'un seul personnage, Archambaut-Èble, comme dans la génération suivante), et Aimon qui est attesté avec son neveu Èble IV en 1174[1].

bat... in manu Gaucherii prioris, Archambaldus audiente Amelio de Sancta Maria, Ebalus audientibus Arberio de Rocilla et Petro Matheo » (*Cart. Aureil* éd. G. de Senneville p. 75 n. 35 bis et p. 171 n. 237, où cet acte est erronément rapporté à Archambaut IV de Comborn).

1. Ebles II. — 1106 : « Ebalum vicecomitem Ventadorensem » (*Cart. Tulle* n. 540 p. 293); — 1109 : « Ebalus vicecomes (*Cart. Tulle* n. 402 p. 222); — après 1120 : « Postea enim complacuit Ebalo de Ventedor vicecomiti et fratri germano Archambaldi vicecomitis de Comborn » (*Cart. Uzerche* n. 290 p. 173-5); — 1135 : « Ademarus vicecomes Lemovicensis... anno quo captus est ab Ebalo vicecomite de Ventedor » (*Cart. Uzerche* n. 131 p. 153 et cf. n. 1119), acte non daté, mais voy. un passage de Geoffroi de Vigeois ad a. 1135 : « Vicecomes Lemovicensis Ademarus, dum rediret peregrinus de Anicio, peracta assumptione sanctissime Virginis, captus ab Ebalo vicecomite Ventadorensi, carceri mancipatus est... etc. » (Bouquet *Rec. Hist. Fr.* XII 434); — 21 déc. 1143 : « ... authorizaverunt Ebalus vicecomes de Ventedorn et Archambaldus vicecomes de Comborn » (*Cart. Tulle* n. 490 p. 261 et cf. cet acte ci-dessus p. 159 à l'article de Boson II de Turenne); — 1147 : « ... concedente Eblone vicecomite, uxore ejus Agne, et filiis suis Arcambaldo, Eblone, Aimone... » (*Cart. Uzerche* n. 4 bis p. 52 et n. 934 p. 375, cf. *ms. lat.* 12.476 de Dom Cl. Estiennot p. 702); — c'est à tort qu'on rapporte à Eble II vicomte de Ventadorn un testament sans date d'un Eble mari d'Agnes, dont les possessions étaient situées dans le Lot (*Cart. Beaulieu* n. 30 p. 61); — Geoffroi de Vigeois, relatant une anecdote sur lui, dit : « Ebalus, frater Petri de Petra Bufferia ex Almode matre, erat valde gratiosus in cantilenis, qua de re apud Guillelmum (duc d'Aquitaine le troubadour) filium Guidonis est assecutus maximum favorem » (Bouquet *Rec. Hist. Fr.* XII, 445); — de même Gancelin de Peira

Èble III épousa, d'après Geoffroi de Vigeois, en premières noces Marguarita de Turenne qui devint en 1148 veuve d'Aimar, vicomte de Limoges, et avec laquelle il avait une fille, Matabruna. L'ayant répudiée deux ans après le mariage, il prit pour seconde femme Alaïz de Montpellier (att. en 1174). Il mourut à Monte-Cassino, en 1169, revenant de la Terre Sainte, lui, et non pas son père, comme le disent les généalogistes, induits en erreur par la rédaction peu claire du récit de Geoffroi de Vigeois (« idem » au lieu de « iste »). Il avait plusieurs fils : Archambaut-Èble qui lui succéda, un autre Èble (att. 1175 et 1184), Guillem (mentionné par Geoffroi de Vigeois), Bernard, abbé de Tulle (sans doute celui qui régissait l'abbaye entre 1193 et 1200), Gui, chanoine de Maguelone, patrie de sa mère (attesté dans les documents de Montpellier entre 1184 et 1205), Raimon, chanoine de Saint-Étienne de Limoges (att. 1174), Helias, chanoine de la même église, Èble, moine à Cluny (d'après G. de V.)[1].

Buffeira qui épousa une fille d'Archambaut IV de Comborn (voy. p. 179) est appelé par Geoffroi neveu d'Èble II dans le passage cité de l'année 1135; il doit avoir été fils de Peire de la Peira Buffeira, frère utérin d'Èble (voy. pour cette famille un acte du *Cart. abb. Palais*, ms. lat. nouv. acq. 225, p. 90 verso).

1. Eble III. — Vers 1150 : « Defuncto Ademaro vicecomite Lemovicensi (1148) sponsam illius Margaretam, sororem Bosonis de Torenna, desponsavit Ebalus Ventadorensis, filius Ebali Cantatoris, ex qua genuit filiam quam Matabrunam vocitaverunt. Hanc (Matabrunam) post Rainaldum Leprosum vicecomitem de Albusson accepit Eschivard frater Jordani de Chabannes et Bosonis abbatis Stirpensis. Biennio transacto, Ebalus Margaretam relinquens causa consanguinitatis mariti prioris, filiam Guillelmi de Montepislerio Alaaiz sibi copulavit, de qua

Èble IV qui succéda à son père en 1169 est attesté en 1174, 1175, 1181 et 1184. Sa femme était Sybille de La Faye (att. 1174 et cf. 1260). Ils avaient au moins deux fils : Èble qui continua la lignée, Bernard, abbé de Tulle dès 1210 (att. 1214 et 1221). On leur

genuit plures. Margaretae tertius maritus extitit Guillermus Sector-Ferri comes Engolismensis, multorum pater liberorum », (G. de Vig. dans Bouquet *Rec. Hist. Fr.* XII. 438) ; pour le nom de Matabruna voy. une « Matha Bruna abbatissa » qui est nommée dans un obituaire de Bonnesaigues à côté de plusieurs personnages de la maison de Ventadorn (*ms. lat.* 12.476 de Dom Claude Estiennot p. 715 « ex ms. necrologio Bonesaniae ») ; — 1169 : « Ebalus vicecomes cum vellet ire Jerosolymam dedit Obazinensi monasterio et Archambaldus filius ejus similiter... factum est apud Ventedorn... anno ab incartione Dni MCLXVIIII rege Lodovico, episcopo Geraldo » (*Cart. Obazine* fol. 76 et 331) ; sur la mort d'Eble III à Monte Cassino, en 1169, voy. une lettre, de Geraud évêque de Cahors à l'empereur Frédéric I : « ... contigit quod ad visitandum quemdam consanguineum meum, vicecomitem Eborum nomine, qui a Jerosolymis rediens apud Sanctum Benedictum de Monte Cassino infirmabatur, ad partes illas irem. Qui cum esset iam mortuus, quia dominus rex Franciae, consanguineus vester, mihi dixerat quod ad Curiam, ad quam dominus Pavembergensis pro reformanda pace Ecclesiae ex mandato vestro, et dominus Mendensis de beneplacito vestro ab eo missus erat, accederem, visurus quid de ipsa pace factum esset... » (Domini Lucae Dacherii *Veterum aliquot scriptorum... Spicilegium* 1re édition de cet ouvrage de d'Achery, Paris 1657, t. II p. 403 ; la date résulte de l'allusion à la mission de l'évêque de Bamberg qui arriva à la curie en juillet 1169, cf. Hans Prutz, *Kaiser Friedrich I* Danzig 1871, t. II pp. 172 *ss.*). — La seconde femme d'Eble III Azalaïs de Montpellier, est mentionnée dans le testament de son père Guillem VI, le 11 décembre 1146, date à laquelle elle n'était pas encore nubile : « Filias meas, Adalaiz et Ermesendam, cum venerint ad tempus conjugii, maritet eas dominus Montispessulani et donet unicuique illarum C. marchas argenti et optima vestimenta et unum lectum de palio et duos ciphos argenteos de VI marchis et unum palafredum unicuique illarum honorifice administret » (*Liber Instrumentorum memorialium-Cartulaire des Guillems de Montpellier* éd. A. Germain et C. Chabaneau, Montpellier 1884-6, pp. 177 ss. n° 95).

donne encore cinq autres fils nommés par l'abbé Bernard dans une notice jointe à l'acte de 1214 dans le cartulaire de Tulle, mais il paraît bien qu'il s'agit plutôt de l'abbé Bernard de la génération précédente et de ses frères[1].

Èble V eut pour première femme, d'après Geoffroy de Vigeois, Maria de Limoges qui mourut sans postérité. Il épousa alors Maria de Turenne, probablement aux environs de l'an 1190, car un fils issu de ce mariage apparaît dans les documents dès 1214 au plus tard. Èble V se fit en 1221 moine à Grandmont, en présence de ses beaux-frères de Turenne, laissant

1. Eble IV. — 1174 : « Ebolus vicecomes Ventedornensis... in manu Domini Willelmi consanguinei mei Dalonensis abbatis... anno MCLXXIIII... testes Raimundus frater meus Lemovicensis canonicus, Helias d'Aien clericus, Aimo patruus meus, W. de Lancenor, Alaiz mater mea, affuit quoque S. vicecomitissa et concessit (*Cart. Dalon* orig. fol. 72-3, copie Baluze p. 35-6 nouv. pag. 20) : — 1175 : « Ebolus vicecomes de Ventadorn et Ebolus frater ejus ... MCLXXV... » (*Cart. Obazine* fol. 114 et 333); 1179 : voy. l'art. d'Aimar V vic. de Limoges ; — 1181 : « Ebalus Ventadorensis die S. Cleophae capitur a Geraldo de Mirabel, post festum S. Vincentii, datis XVII solidis, a carcere prodit » (Geofr. de Vig. dans Bouquet *Rec. Hist. Fr.* XII, 449) ; — 1184 : « Ebolus frater Eboli vicecomitis de Ventedorn... Quidquid requirere poterat in omnibus terris quas frater suus E. et pater suus E. et avus suus E. vicecomites olim dederant... anno ab inc. Dni MCLXXXIIII, rege Philippo, epo Seebranno » (*Cart. Obazine* f. 246 verso); ce document montre bien que depuis 1140 date de la fondation du monastère, jusqu'à 1184, trois vicomtes occupaient la seigneurie de Ventadorn. — Sybilla sa femme était, d'après Geoffroi de Vigeois, de la maison de La Faye, ce qui explique la mention que voici dans un acte de 1260 : « Eblo de Ventadorn miles... dominus Guillelmus de Faia, avunculus meus, cujus ego sum successor et haeres... » (Jean Besly *Evesques de Poictiers* Paris 1641. p. 158). — Une fille d'Eble IV est attestée dans la chronique de Bernard Itier : « anno MCCXIX obierunt... vicecomitissa de Ventedor Maria, uxor Perio d'Espana » (Dupleix-Agier *Chroniques de S. Martial* p. 105 et cf. pp. 110 et 113).

la vicomté à un de ses fils qui continua la lignée[1].

Eble V. — 1202 : « Il y a transaction de l'an 1202 au dimanche la octava Jerusalem ou le vicomte de Ventadour estoit present avec son oncle W. de Chaslus » (cette notice se trouve parmi les extraits des documents concernant le prieuré de St. Angel, Bibl. Nat. *ms. lat.* 17.118 de Gaignières p. 479) : — 1214 : « Ego Ebalus vicecomes de Ventedorn in Tutellensi capitulo constitutus in praesentia Domini Bernardi fratis mei tunc abbatis Tutellensis... tam ego quam Raymundus filius meus... dedimus plegios de praemissis nobiles viros Raimundum vicecomitem de Torenna et R. fratrem ejus... Actum Tutellae in capitulo generali IIII. Non. Junii anno verbi incarnati MCCXIIII » (Baluze *Hist. Tutelens.* Paris 1717 p. 513-4) et cf. à la suite du même acte : « ... isdem B. de Ventedorn abbas Tutellensis... instituit... ad anniversaria parentum suorum... scilicet ad anniversarium matris supradicti abbatis... ad anniversarium ejusdem fratis Heliae... anniversaria quinque fratrum suorum... qui fratres sunt Ebalus abbas Figiacensis, Raimundus cantor, Aimo monachus, praepositus magalonensis, Ebalus miles » (*ibid.* 515-6) : — 1221 : « Ebalus vicecomes de Ventedorn, assensu M. vicecomitisse uxoris nostre et Raim. et Eb. filiorum nostrorum... hoc fecimus apud Ventadorn, presentibus B. fratre nostro vener. abbate Tutellensi... anno MCCXXI mense maio. Ego vero M. vicecomitissa et R. et Eb. filii mei donationem ipsam innovavimus III Kal. ante festum B. M. mag. presentibus predictis abbatibus » (*Cart. Glandiers* Bibl. Nat. *ms. lat.* 17.118 de Gaignières p. 260 et 293) : — 1221 : « ... ego Ebolus vicecomes de Ventedorn et Maria uxor mea vicecomitissa, et nos Raymundus et Ebolus filii eorum... antequam ego Ebolus acciperem habitum Grandismontensis ordinis... Insuper dedimus eisdem plegios de praemissis nobiles viros Raimundum vicecomitem de Torenna et R. fratrem ejus et venerabilem virum et religiosum Guillelmum abbatem Maismacensem... Actum in Grandimonte infra octavas Pentecostes anno dominicae incarnationis MCCXXI » (Baluze *Hist. Tutellens.* pp. 537-8). — Le cartulaire de Meymac contient les mentions suivantes concernant Eble V et sa femme Maria : « Ebles vescoms de Venth. que fo sebelhitz en Granmon laysset a son anoal IIII sest. de segle e VIII sol. e VI d. e·l mazatge de Las Fons a paiar a la St. Michel e de ayso deu hom donar III d. per chan aus prestres religios e aus seglars II d. » et l'autre : « Maria vescomtessa laysset per far son anoal III sest. de segle e VIII sol. e VI d. e·l mazatge de Las Fons en tot quant y avia a paiar a la San Michel e vole que om dones III d. per chan aus prestres religious e aus prestres seglars, e lo jorn de son aniversari devon tuch chantar » (*Cart. de Meymac*, extraits, par Dom Col *ms. lat.* 9194 à la Bibl. Nat.)

Vicomtes de Comborn

(Geoffroi de Vigeois : « ARCHAMBALDUS in cujus sorte devenit Combornense castrum, frater EBOLI atque BERNARDI genuit EBOLUM et obiens apud Userchiam foras vitream sepulcri tumulatus est, praesente Geraldo et alio Geraldo abbatibus. Qui timens terram suam commendare Ebolo fratri suo, reliquit eam Bernardo, quem quidam asserunt pro clerico deputatum, ut nutriret filium Ebolum, quousque puer militiae cingulum aetate congrua perciperet. Cumque expeterat juvenis haereditatem paternam ab avunculo opportuno tempore, expulsus ab illo est et qui erat haeres factus est exul. Consensu tamen quorumdam castrum de Comborno obtinuit. Captaque patrui uxore, coram multis foedavit, ea intentione ut eam Bernardus ob istius modi infamiam repudiaret, quod nequaquam fecit. Erat quippe filia magni viri de Corso qui dictus est Hugo Garcini ; idcirco illa vocabatur Garcilla. Post haec Bernardus cum paucis venit prope castrum quasi insultans adolescenti. Egressus inconsulto, persecutus est patruum nepos usque ad locum qui non procul est ab ecclesia de S. Martiale quae dicitur Estival in via quae ducit de Alassiaco apud Vosias. Surrexerat enim a mensa jam temulentus Ebolus, eratque finis temporis Autumni. Quid multa ? Juvenis capitur, captus in eodem loco perimitur. Quidam dicunt quod ipse Bernardus per inferiorem regionem juvenem vulneraverit, alii dicunt quod Stephanus de Bosac miles quidam hoc patraverit. Quisquis tamen hoc fecerit, consensu avunculi legitimus hæres injuste perimitur. Huic Bernardo dici potest : occidisti insuper et possedisti. In hora vero mortis suae Ebolus ingemuit, Domini clementiam imploravit, capillos capitis abrumpens in altum proiecit, quasi gagium pro delictis Domino reddens. Hunc defunctorum more abluit Stephanus Blaudrix sicut mihi enarravet filius ejus Stephanus Blaudrix prior Tutellensis. In loco autem ubi occisus est, oblationes multas detulit frequentia populorum per dies aliquot. Ebolus tandem Tutelae defertur. — BERNARDUS igitur de Garcilla genuit ARCHAMBALDUM qui barbam longam usque ad senectutem ferebat. Hic Tutelae cum filio suo [non : filia sua] Helia conditus est. — Archambaldus de filia Ademari Vicecomitis Lemovicensis qui Cluniaco monachus obiit, quae ex baptismo Humberga vulgo Brunicenda nominatur, genuit plures; unus tamen omnium vicecomes Lemovicensis fuit, is est Ademarus, alter Combornensis, is est Archambaldus. — Hic de Jordana filia Bosonis Petragoricensis comitis genuit Heliam, Archambaldum, et Petrum Assaillit clericum. — Helias accepit filiam Raymundi vicecomitis de Torenna quae [non : qui] cognominatur Contors. — Haec Petro Mattaei quondam abbate Usercensi narrante percepi qui ab ipsius Eboli Cantoris ore haec se audivisse fatetur ». Chap. 25 ; la dernière mention se rapporte à l'ensemble des généalogies).

Archambaut III, attesté du vivant de son père Archambaut II, devint après lui vicomte et figure, d'ordinaire avec ses deux frères, Èble qui reçut la seigneurie de Ventadorn, et surtout avec Bernard, dans des documents allant de 1059 jusqu'en 1085, date à laquelle il fonda l'abbaye de Meymac. Il mourut bientôt après, car il ne vivait plus en 1086[1].

1. Archambaut III. — 1059 : voir p. 154, note 2 ; — 1061 : « Ego Archambaldus vicecomes et frater meus Bernardus... Signum Archambaldi et Bernardi fratris ejus » (*Cart. Uzerche*, n° 363, p. 210) ; — 1062 : « Arcambaldus vicecomes et Ebolus frater meus et Boso consanguineus meus et Bernardus frater meus » (*Cart. Uzerche*, n° 446, p. 252) ; — avant 1067 : « Archambaldus vicecomes et Ebolus et B. fratres ejus... Constantino abbate » (*Cart. Uzerche*, n° 1286, p. 455) ; — avant 1067 : « Gaufredus frater Archambaldi vicecomitis... Constantinus abbas » (*Cart., Uzerche.*, n° 1044, p. 424) ; — entre juin 1062 et 1072 : « in manu Frodini abbatis et Archambaldi vicecomitis fratrisque Eboli sui atque Bernardi » (*Cart. Beaulieu* n° 14, p. 34) ; — 7 janvier 1068 : « Rotberga vicecomitissa uxor Arcambaldi vicecomitis cum filiis meis Arcambaldo et Ebolo atque Bernardo » (*Cart. Uzerche*, n° 464, p. 263) ; — 21 mars 1070 : « Unia... uxor Rigaudi de Carboneiras... signum fratrum suorum Arcambaldi vicecomitis, Ebali et Bernardi, signum Rotbergane matris suae » (*Cart. Tulle*

Archambaut III laissa un fils mineur, Èble, mentionné dans la charte de son père de 1085 ainsi que dans un acte de 1086 et un autre sans date. Geoffroi

nº 426, p. 232); — s. d. (vers 1071?) : « Agnes uxor Petri de Bre soror Archambaldi vicecomitis et Eboli et Bernardi » (*Cart. Uzerche*, nº 572, p. 291); 31 mars 1072 : « Archambaldus vicecomes Comborni... item Bernardus vicecomes frater ejus dedit » (*Cart. Uzerche*, nº 477, p. 268) — après 1073 : « S. Archambaldi vicecomitis, Eboli et B. fratrum, Rotbergae matris, Rotberti abbatis » (*Cart. Uzerche*, nº 840, p. 337); — après 1073 et av. 1082 : « Gerardus Bernardus de Bre dedit... audiente Widone de Bre filio suo, Archambaldo vicecomite... donum recepit istum dominus Petrus decanus postea abbas huius monasterii temporibus Philippi regis Francorum, Widone episcopo administante praesulatum urbis Lemovicae » (*Cart. Vigeois*, ms. lat. 9193 de Dom Col, p. 552 nº 75); — s. d. : « dant in fiducia Archambaldum vicecomitem et Bernardum fratrem ejus » (*Cart. Tulle*, nº 309, p. 182 et cf. nº 319, p. 199); — s. d. : « Arcambaldus vicecomes de Comborn... S. Archambaldi vicecomitis, s. Ebali fratris sui, s. Bosoni consanguinei sui » (*Cart. Tulle*, nº 348, p. 201); — s. d. : « Ego Erchambaldus vicecomes de Comborn concedo atque dono Deo et Sto-Stephano quicquid hactenus de manso quod est Lampeanges possedi et possideo... s. Gauzberti archidiaconi, s. Petri Reinaldi. Ego quoque Bernardus vicecomes de Comborn hoc idem donum concedo atque confirmo, videlicet quiquid habeo in manso superius nominato... S. Gauzberti archidiaconi, s. Stephani de Monte Mainardi, s. Widonis de Broza, s. Heliae de Gimel, s. Lamberti » (*Cart. Saint Étienne de Limoges*, ms. 9193 de Dom Col, p. 171); — 3 février 1085 : «... Ego Archambaldus vicecomes, filius Archambaldi vicecomitis, qui fuit filius Eboli vicecomitis... pro remedio animae patris mei seu matris meae atque animae meae ac fratrum meorum Eboli et Bernardi necnon et filii mei Eboli... rogavi dominum Guidonem episcopum Lemovicae sedis... monasterium in honore sanctae Dei genitricis Mariae aedificare permitterent, quae ecclesia vocatur Maismac... testes... Archambaldus vicecomes qui hoc privilegium fieri decrevit, Ebolus et Bernardus fratres ejus... Rotberga mater domini Archambaldi et Ermengardis uxor quondam ipsius que quidquid in praedicta ecclesia Maymacensi ad suum jus pertinebat sanctae Mariae pro anima... Factum est hoc privilegium anno incarnati verbi millesimo octogesimo quinto... » (*Cart. Meymac*, ms. 9194 de Dom Col, p. 96-8 et cf. *Cart. Uzerche*, nº 48 et 49 p. 82, sq.); — s. d. : « Archambaldus vicecomes in extremo vitae

de Vigeois raconte, dans un récit assez détaillé, la mort d'Èble, tué par son oncle Bernard. Ce fait est attesté par des documents authentiques, à savoir par quelques donations faites par Bernard en expiation de ce crime, dont une se place vers 1088 (du vivant de Rotberga, mère de Bernard) une autre avant 1112. Èble paraît avoir été tué bientôt après la mort de son père, car dès 1088 Bernard apparaît seul[1].

Bernard Ier, troisième fils d'Archambaut II, attesté à côté de son frère aîné Archambaut III dès 1059, après avoir tué Èble fils et héritier légitime de ce dernier, réussit à évincer le second frère Èble, qui ne se maintint qu'à la seigneurie de Ventadorn, et s'empara lui-même de la vicomté de Comborn. Les deux fils d'Èble de Ventadorn, ayant succédé à leur père en 1096, firent guerre à leur oncle en 1098, sans doute pour lui disputer la vicomté, leur lignée étant l'aînée. Mais Bernard garda le pouvoir acquis par son crime et le transmit à sa postérité. Bernard eut pour première femme Ermengart de Corpso (Courson); il s'en sépara cependant avant 1112; elle se retira dans le monastère d'Uzerche où on la trouve encore en 1130. La seconde femme de Bernard fut Pétronille de La Tour attestée avec lui en 1112. A une date postérieure à 1113 Bernard eut le

positus » (*Cart. Uzerche*, n° 367 p. 212); — il ne vivait plus en 1086 : voir les deux premiers actes de la note sur Bernard.

1. Eble II. — Voir la note qui précède et celle qui suit aux années indiquées dans le texte.

projet de se faire moine à Cluny mais il ne paraît pas l'avoir jamais réalisé. Il signe des actes jusqu'en 1119 et est remplacé par son fils en 1121. De sa première femme il eut un fils Archambaut, son successeur, et une fille Béatris qui prit le voile à Uzerche vers 1112 et y est attestée avec sa mère en 1130. C'est peut-être de la seconde femme qu'il eut un autre fils, Helias, attesté en 1152, avec lequel il fut, d'après Geoffroi de Vigeois, enseveli à Tulle[1].

1. BERNARD I. — Entre 1059 et 1085 voir la note sur Archambaut III; — 1086 : « Arcambaldus vicecomes frater Ebali et Bernardi... filio suo Ebalo et fratribus Ebalo et Bernardo... Bernardus autem vicecomes frater ejus qui tenuit terram suam post eum... MLXXXVI... » (*Cart. Tulle*, n° 190, p. 120); — s. d. : « Archambaldus vicecomes... testes Ebolus vicecomes et Bernardus frater ejus, Rotberga mater eorum, Ebolus filius ejus... Postquam vero Arcambaldus defunctus est, incognita fuit haec terra fratribus Uzercae, sed venerunt Bernardus vicecomes et Ebolus nepos ejus... » (*Cart. Uzerche*, n° 466, p. 264); — 1088 : « Rotberga vicecomitissa... annuente filio suo Bernardo » (*Cart. Tulle*, n° 260, p. 151); — s. d. « Rotberga vicecomitissa... Bernardus vicecomes filius suus... annuentibus filiis suis Ebalo et Bernardo » (*Cart. Tulle*, n° 261, p. 152); — s. d. (du vivant de Rotberge) : « Bernardus vicecomes... propter animam nepotis sui Ebali et propter emendationem interfectionis ejus... mater sua Rotberga... praesente etiam abbate, eadem matre sua et annuente... presente domino Willelmo nepote suo » (*Cart. Tulle*, n° 346, p. 200, Guillem, neveu du vicomte, est fils de sa sœur Unia et moine à Tulle, cf. l'acte de 1070); — 1095 : « Ebolus vicecomes in extremo vitae positus... perhibuit Bernardus vicecomes frater ejus » (*Cart. Uzerche*, n° 1214, p. 448); — avant 1096 : « Ermengardis vicecomitissa, uxor Bernardi vicecomitis... patris sui Hugonis de Corpso... abbas Geraldus » et cf. un autre acte antérieur à 1096 : « Petrus de Corpso dedit (vers 1025)... postea Bernardus vicecomes duxit uxorem filiam Hugonis de Corpso qui fuit filius dicti Petri... audivit Geraldus abbas... » (*Cart. Uzerche*, n° 97, p. 133 et n° 399 p. 233, la date extrême 1096 résulte de la mention de l'abbé Géraud); — s. d. : « Ermengardis vicecomitissa et Bernardus vicecomes vir meus » (*Cart. Uzerche*, n° 481, p. 271); — 1098 : « ... rege Philippo,

Archambaut IV, attesté avec son père dès 1100-1105, lui succéda en 1119-21. Il épousa une fille

Willelmo episcopo Lemovicensi, Bernardo vicecomite cum suis nepotibus bellante » (*Cart. Uzerche*, nº 831, p. 341 et cf. ci-dessus p. 164, note 1, sur cette guerre de Bernard contre ses neveux Archambaut et Èble de Ventadorn); — 1098-1100 : « Bernardus vicecomes frater ejus (Archambaldi)... episcopo Lemovicino Willelmo d'Urec » (*Cart. Uzerche*, nº 1015, p. 403, l'évêque Guillem, successeur d'Humbald déposé en 1095, gouverna le diocèse 1098-1100); — 1098-1100 : « Ego Bernardus vicecomes de Comborn animae meae, dum adhuc licet, consulendum esse necessarium ducens, concedo atque dono Sancto Stephano mansum de Abiac... Signum Willemi episcopi, S. Widonis de Labraza, S. Heliae de Gimel, S. Aimari Rotberti » et cf. sur le même don : « Erchambaldus vicomes de Comborn donavit mansum de Abiac sancto Roberto de Casa Dei, abbas vero de Casa Dei... annuente et deprecante Bernardo vicecomite donavit eumdem mansum beato Stephano » (*Cart. Saint Étienne de Limoges*, ms. lat. 9193 de Dom Col. nº 134, p. 170 et cf., nº 133 p. 169); — après 1096 et avant 1108 : « Ego Bernardus vicecomes pergere volens Romam, ammonitus a domno Gauberto abbate (1096-1108)... pro anima mea et patris mei ac matris, fratrisque mei Arcambaldi » (*Cart. Uzerche* nº 463, p. 262 et cf. nº 1033, p. 412); — entre 1100 et 1105 : « Ego Bernardus vicecomes et filius meus Archambaldus do Capellam de Chastel de Comborn et quidquid ad eam pertinet in manu domini Petri abbatis (vers 1100-1110)... Petrus episcopus Lemovicensis (1100-1105) hoc donum firmavit Petro abbati » (*Cart. Vigeois*, ms. lat. 9193 de Dom Col nº 24, p. 539); — 28 déc. 1103 et 17 mars 1104 : « Bernardus vicecomes... autorizavit Archambaldus vicecomes filius Bernardi... eodem anno XV kal. aprilis » (*Cart. Tulle*, nº 242, p. 137); — après 1105 : « domnus Bernardus vicecomes donavit... pro amore Aimerici cognomento mali militis, quem ipse vicecomes posuit canonicum in Aurelio... in manu fratris Gaucherii prioris » (*Cart. Aureil*, éd. G. de Seneville, nº 63, p. 40 et cf. nºs 113, 241, 242); — après 1108 : « Testibus Bernardo vicecomite et Arcambaldo filio ejus » (*Cart. Tulle*, nº 181, p. 113); — avant 1112 : « Bernardus vicecomes pro expiatione mea ac redemptione patris mei Archambaldi vicecomitis et fratris mei Archambaldi vicecomitis, patris Eboli vicecomitis nepotis mei quem occidi voluntarie... Item Ermengardis vicecomitissa uxor illius... » (*Cart. Uzerche*, nº 481, p. 271, acte en tout cas antérieur à 1112, car à cette date Bernard a une autre femme); — s. d. : « Bernardus vicecomes pro anima

d'Aimar, vicomte de Limoges qui, d'après Geoffroi de Vigeois, fut baptisée du nom d'Umberga mais était appelée Brunissenda, ce qui est confirmé par

sua, patris sui, fratris Archambaldi vicomitis, nepotis Eboli vicecomitis et Petri Fardeti militis sui qui pro eo mortuus fuerat » (*Cart. Uzerche*, n° 524, p. 282); — s. d. : « Bernardus vicecomes et Archambaldus vicecomes filius ejus dederunt Deo et S. Petro cum Beatrice dimidium mansum qui vocatur de Coniac » (*Cart. Uzerche*, n° 482, p. 271); — 1112 : « Ego Bernardus vicecomes de Comborn et uxor mea Petronilla de Turre... annuente Archambaldo vicecomite filio meo... MCXII... » (*Cart. Tulle*, n° 318, p. 185); — après 1111 : « Bernardus vicecomes... » (*Cart. Tulle*, n° 92, p. 69); — 1112 : «... Bernardi et Archambaldi ejus filii de Comborn » (*Cart. Uzerche*, n° 758, p. 328); — après 1110 : « Bernardus vicecomes misit in pignore domino Petro abbati (1100-1110) totum quod habebat in villa de Murat pro LX solidis, postea vero in manu domni Rainaldi abbatis (1111-1124) ipse Bernardus et Archambaldus filius ejus propter Bosonem la Den... » (*Cart. Vigeois*, ms. lat. 9193 de Dom Col, p. 546, n° 51); — après 1111 : « Bernardus vicecomes dedit Deo et Beato Petro Vosiensi et monachis mansum de Blaisac... in manu dni Rainaldi abbatis... Postea Archambaldus vicecomes filius ipsius Bernardi concessit donum quod pater suus fecerat de isto manso de Blaizac » (*Cart. Vigeois*, ms. lat. 9193 de Dom Col, p. 542-3 n. 36 et 37); — après 1113 : « Bernardus vicecomes et Archambaldus vicecomes filius meus... in manu domini Arberti (1113-33) abbatis... » (*Cart. Uzerche*, n° 1012, p. 402 et cf. n° 241, p. 179); — 1116 : « Bernardus vicecomes de Comborn » (*Cart. Uzerche*, n° 369, p. 214); — 1116 : « Bernardus vicecomes de Camborn » (*Cart. Cluny*, éd. A. Bruel, t. V, n° 3921-3, p. 272); — 1116-7 : « Bernardus vicecomes et Archambaldus filius meus » (*Cart. Cluny*, t. V, n° 3924); — entre 1113 et 1120 : « abbas Aldebertus (1113-33) habuit placitum cum Bernardo vicecomite [quando voluit esse monachus apud Cluniacum]... praecepit Archambaldo vicecomiti filio suo... » (*Cart. Uzerche*, n° 403, p. 234); — 1119 : « Bernardus vicecomes cum consilio et auctoritate filii mei Arcambaldi » (*Cart. Tulle*, n° 140, p. 88); — en 1121 son fils Archambaut figure seul; — pour Helias son autre fils voir un acte postérieur à 1152 : « Elias vicecomes filius Bernardi de Comborn... in manu Geraldi abbatis... » (*Cart. Tulle*, n° 147, et cf., p. 693 : l'abbé Géraud II gouverna 1152-88); — sur sa fille Beatris, voir ci-dessus vers 1112 et l'acte de 1129 dans la note qui suit.

des documents, car elle y porte toujours ce dernier nom, sauf dans un acte de 1163 où elle est nommée Umberga. Elle était héritière de la vicomté de Limoges et cet héritage passa à ses deux fils. Contrairement à l'opinion des généalogistes qui croient Archambaut mort vers 1137, il est attesté (avec sa femme, ce qui prouve qu'il ne s'agit pas de son fils du même nom) longtemps après cette date. C'est lui qui fut fondateur du monastère d'Obazine (voy. 1140 et cf. l'acte de son petit-fils Archambaut VI de 1187). Un acte qui paraît être de 1163 ne saurait être rapporté qu'à lui, ce qui concorde avec un passage de Geoffroi de Vigeois, d'après lequel il serait mort vers 1162-5 (cf. « usque ad senectutem » dans la généalogie de Geoffroi). Il eut plusieurs fils : Aimar et Guy, qui reçurent des noms portés par les vicomtes de Limoges, héritèrent de cette vicomté en 1138 (voy. p. 182, sq.); Archambaut fut son successeur à la vicomté de Comborn ; Bernard devint doyen de Saint-Yrieix ; Geoffroi lui donne deux fils encore : Pierre Assaillit et Helias ; sa fille Aumode épousa Olivier de Lastours et mourut bientôt après son père vers 1162-5 ; Geoffroi de Vigeois nomme quatre autres filles et leurs maris[1].

1. Archambaut IV. — 1121 : « Ego Archambaldus vicecomes filius Bernardi » (*Cart. Tulle*, nº 320, p. 186); — avant 1124 : « Archambaldus vicecomes dedit Deo et B. Petro Vosiensi pro patre suo Bernardo vicecomite mansum quod vocatur Grimal. Hoc fecit in castro de Comborn cum sua uxore Brunissen qui hoc concessit audiente Domno Rainaldo (1111-1124) abbate » (*Cart. Vigeois* ms. lat. 9193 de Dom Col p. 351, nº 70); — 23 mai 1129 : « Archambaldus vicecomes dedit... dona quae

Archambaut V succéda à son père vers 1162-5 et il est attesté jusqu'en 1184. Il ne vivait plus en

mater sua Ermengardis S. Petro fecerat cum consilio et voluntate patris sui Bernardi vicecomitis quando ad habitum monachialem venit... X Kal. junii... MCXXIX... ipsa matre ejus atestante hoc factum est et Beatrice sorore sua et multis aliis » (*Cart. Uzerche*, n° 705, p. 320); — s. d. : « ... donaverunt... Archambaldus vicecomes et Ugo de Corpso cognomento la Flama et fratres sui Willelmus et Andreas et Boso de Corpso in manu Gaucherii prioris... Quod donum concesserunt Archambaudus vicecomes, Ugo de Corpso et fratres ejus apud Lemovicas in festivitate Sancti Martialis in manu fratris Gaucherii prioris » (*Cart. Aureil*, ed. G. de Seneville, p. 141-3, n. 206; Ermengart, mère d'Archambaut était de la famille de Corson); — 1136 : « Archambaldo vicecomite » (*Cart. Uzerche*, n° 737, p. 324); — 1135-7 à l'époque où Aimar, vicomte de Limoges était en captivité chez Èble II de Ventadorn : « Quem quidem de turre clam iussu Archambaldi Combornensis abstrahere tentaverunt » (Geoffroi de Vigeois dans Bouquet, *Rec. Hist. Fr.*, XII, 434); — s. d. : « Ego Ademarus Lemovicensis vicecomes et ego Archambaldus vicecomes de Comborn et ego Brunicens uxor ejus et filia supradicti Ademari » (*Cart. Dalon*, ms. 375 de Baluze, p. 56); — 1138 : « Ego Ademarus vicecomes Lemovicensis... in manu Philippi prioris Ventedorensis... et in presentia totius conventus cum se ipso obtulit... testes... Archimbaldus vicecomes et uxor ejus filia praedicti vicecomitis » (*Cart. Cluny*, t. V, p. 412, n. 4059); — s. d. : « Archambaldo vicecomite et Ebolo vicecomite [de Ventadorn] et Ademaro filio Archambaldi » (*Cart. Uzerche*, n° 812, p. 337); — vers 1140-8 « ... Petrus de Montlanivi concedentibus et confirmantibus dominis meis vicecomitibus Ademaro scilicet et Guidone fratre ejus... mansi Comborn... testis ipse Ademarus vicecomes et Archambaldus pater ejus » (*Cart. Dalon* ms. 375 de Baluze, p. 57); — v. 1140 : « Archambaldus vicecomes dedit quamdam partem Obazinensis silvae in elemosina pro salute sua et patris matrisque sue atque aliorum parentum suorum sub manu Dni Stephani primi ejusdem loci abbatis, ubi... monasterium... construeretur... » (*Cart. Obazine* ms. lat. nouv. acq. 1560, fol. 1, acte de fondation du monastère, attribué à tort à Archambaut V en dernier lieu par M. Guibert, *Bull. soc. let. sc. ar. Correze*, XI, 440); cf. quelques autres donations faites à la même maison par Archambau tIV et sa femme : « Archambaldus vicecomes et Bruniscendis uxor ejus dederunt ipsi monasterio mansum de Maurschams » (p. 3 et 269), « Bruniscenzis vicecomitissa de

1187. De sa femme Jordana, fille de Boson de Grignols, comte de Périgord (cf. ci-dessus p. 125 et voy.

Comborn dedit... » (fol. 69 et 274, un témoin de cet acte S. de Glana figure dans des actes de 1165, 1167, 1169); — 1149-51 : « Archambaldus vicecomes dedit... in manu Gauzberti abbatis [1149-51]... monachi dederunt Archambaldo vicecomiti et filiis suis... audientibus Stephano Obazinenci abbate [1140-1159]... et Ademaro ab. Vosiensi [1124-64]... et Archambaldo filio vicecomitis et aliis regnante Lodevico et epo Geraldo [vers 1140-77]... (*Cart. Uzerche*, n. 492, p. 274); — 1158 : « Archambaldus vicecomes Combornensis dedit Obazinensi monasterio in communi capitulo terram de Chadabech... anno ab inc. Dom. MCLVIII rege Lodowico, epo G. » (*Cart. Obazine*, f. 60); — s. d. (1163?) : « Archambaldus vicecomes et Unberga uxor ejus... Geraldus abbas... Petrus abbas... » (*Cart. Uzerche*, nº 971, p. 393, d'après la liste des abbés, Géraut élu et déposé en 1163 eut pour successeur Pierre); — enfin d'après un passage de Geoffroi de Vigeois, se rapportant aux années 1162-5, Archambaut ne serait mort que vers cette date : « Almodis uxor Oliverii de Turribus post Archambaldum patrem his diebus obiit, ad cujus funeris obsequium V Kal. sept. Arnaco adfuit Amelius successor Rogerii primi Dalonensis abbatis... » (Bouquet, *Rec. Hist. Fr.*, XII, 440); — Sur ses fils Aimar et Guy voy. ci-dessous l'article des vicomtes de Limoges, p. 184; — Archambaut fut son successeur à la vicomté de Comborn; — sur Bernard voy. p. 185 et aux années 1148, 1173 et 1178 et cf. : « Bernardus vicecomes et decanus Sti Aredii... tempore Hugonis [1151-1163] » (*Cart. Uzerche*, nº 250, 181); — pour Peire Assalit dont parle Geoffroi de Vigeois, voy. un acte s. d. : « Petrus Assaliz vicecomes et Ademarus frater ejus » (*Cart. Uzerche*, nº 987, p. 397); — sur Almodis voy. ci-dessus (1162-1165); — Geoffroi de Vigeois énumère au chap. XLI, consacré à la généalogie des vicomtes de Limoges, tous les enfants d'Archambaut IV : « Igitur Brunicendis de Archambaldo Barbato genuit Ademarum, Guidonem, Archambaldum, Petrum Assaillit, Heliam, Bernardum decanum de S. Aredio; Mariam abatissam S. Mariae de Regula; Beatricem quae de Gaucelino de Petra Bufferia genuit Gaucelinum et Petronillam, de Helia genuit Heliam et Guidonem Flamenc (cf. ci-dessous l'acte de 1221); Almodis de Oliverio de Turribus genuit Gulpherium; Helias [Helis?] de Roberga [Roberto?] de Peyrac genuit Petrum; Milicendis quae est primo-genita Hugoni Cabilonensi genuit filiam unam; et Helena quae Bertranno de Cardaillac genuit Hugonem (al. Odonem) et alios plures » (Bouquet, *Rec. Hist. Fr.*, XII, 426).

les actes de 1179 et 1184), il eut plusieurs fils. Helias, qui fut l'aîné d'après les actes de 1176, 1179 et 1184, épousa Contors de Turenne (cf. p. 39) et mourut avant son père, à ce qu'il semble. Archambaut le second fils devint vicomte. Assaillit, troisième fils, est attesté en 1187 et avec un fils en 1212. D'après Geoffroi il eut six filles[1].

1. ARCHAMBAUT V. — 1167 : « Archambaldus vicecomes de Comborn dedit Obazinensi monasterio... anno MCLXVII Rege Ludovico Ep. G. » et un autre acte : « Archambaldus vicecomes de Comborn dedit Obazinensi monasterio mansum de Marte in manu Rotberti abbatis... anno ab inc. Dni MCLXVII » (*Cart. Obazine*, fol. 63 et 273); — 1173 : une mention dans Geoffroi de Vigeois (Bouquet, *Rec. Hist. Fr.*, XII, 443); — 1176 : « Archambaldus vicecomes Combornensis et Helyas filius ejus fecerunt fiduciam... anno ab inc. Dni MCLXXVI » (*Cart. Obazine*, fol. 135); 1176 et 1177 : « Archambaldus Combornii vicecomes » est mentionné par Geoffroi de Vigeois (Bouquet, *Rec. Hist. Fr.*, XII, 444); — mars 1178 : En Arcambalz lo vescoms de Comborn e N'Elias sos filz » (Justel, *Hist. Tur.*, p. 35, voy. l'app. III); — 23 nov. 1178 et 26 mai 1179 : « Ego Archambaldus vicecomes de Comborn et ego Jordana uxor ejus et ego Archambaldus filius eorum... apud Obazinam... anno ab in. Dom MCLXXVIII, VIII Kal. Decembris... Eodem vero anno V Kal. junii ego Helias vicecomes filius praedicti Archambaldi vicecomitis hoc idem donum apud Tutellam in manu Johannis abbatis Dalonis concessi... » (*Cart. Dalon* ms. Baluze, 375, p. 35-6); — 1180 : « Arcambaldus vicecomes Combornensis dedit Obazinensi monasterio pro salute anime sue et patris et matris sue et fratrum suorum bordariam de Chassanh in manu dompni Seebranni Lemovicensis epi et in manu Rotberti abbatis ejusdem monasterii... anno ab in Dom. MCLXXX... » (*Cart. Obazine*, fol. 160); — 1180 : « Simeon de Perols... et Archambaldus vicecomes fecit fiduciam pro quite... anno ab in Dom. MCLXXX... » (*Cart. Obazine*, fol. 262); — 1181 : « Hoc donum concessit Archambaldus vicecomes de Comborn et fecit fiduciam... anno ab inc. Dom. MCLXXXI... » (*Cart. Obazine*, fol. 210-11); — 1184 : « Archambaldus vicecomes combornensis et Helyas filius ejus concesserunt hoc donum et fecerunt fiduciam... anno ab inc. Dni MCLXXXIIII... » (*Cart. Obazine*, fol. 189 et 263); — mai 1184 : « ... Ego Archambaldus vicecomes de Comborn et ego Jordana uxor

Archambaut VI prit possession de la vicomté en 1184-7. Il se maria avec Guischarde de Beaujeu vers 1185 (voy. p. 62). En 1220, il fonda la Chartreuse de Glandiers. On le croyait mort vers 1229, mais en réalité il est attesté jusqu'en 1238. Ses fils étaient : Bernard qui épousa Marguerite de Turenne, fille de Boson III et continua la lignée, et Guischard seigneur de Treignas[1].

ejus damus et concedimus Deo et beatae Mariae et fratribus Boni Loci... Factum est hoc apud castrum de Pompedors anno ab in. Dni millesimo centesimo octuagesimo quarto, octavo Idus mai ; in manu Johannis abbatis. Testes sunt Willelmus abbas Vosiensis... » (*Cart. Bonlieu* ms. lat. 9196 de Dom Col. p. 145 et cf. *Coll. Périg.*, t. LIII, fol. 245). — Sur son fils HELIAS voy. ci-dessus les années 1176, 1178-9, 1184 et cf. dans l'obituaire de Tulle) pour juin : « Helias vicecomes de Combornio XX sol. a Buschieyras, jacet in capitulo, ante crucifixum » (*Cart. Tulle*, p. 430) ; sur ARCHAMBAUT, son successeur, voy. l'article qui suit ; — pour ASSAILLIT, troisième fils, voy. ci-dessous les documents de 1187 et 1211 et cf. dans l'obistuaire de Tulle pour novembre : « Assalhit de Comborn XX sol. a Las Bordas, in capitulo ante crucem » (*Cart. Tulle*, p. 436) ; — Geoffroi de Vigeois, chap. XLI : « Archambaldus, combornensem honorem obtinens, de Jordana genuit Heliam, Archambaldum et Petrum clericum et sex filias : harum Assalida Guidonem vicecomitem de Albusso, Clara Petrum Bernard de la Porcheria, Fina (alias Delfina) Radulfum de Escoralia, Garcilla Bertrandum filium Geraldi de Malamort, Petronilla filium Gauberti de Malamort maritos habuere » (Bouquet, *Rec. Hist. Fr.*, XII, 426).

1. ARCHAMBAUT VI. — 1187 : « Archambaldus vicecomes Combornensis et Assaliz frater ejus... pro anima patris sui... praedictus Archambaldus vicecomes et A. frater ejus... concesserunt supradicti Archambaldus videlicet vicecomes et A. frater ejus quidquid pater eorum sive avus olim dederant... anno ab i. Dom. MCLXXXVII rege Philippo et Epo Seebrando » (*Cart. Obazine*, fol. 193 et cf. 320 ; la présence des deux frères, Archambaut et Assalit, ainsi que la mention de leur père et de leur grand-père, prouvent qu'il ne s'agit plus d'Archambaut V, mais d'Archambaut VI ; d'autre part, on y voit que le fondateur d'Obazine était bien Archambaut IV, le grand-père des deux donateurs) ; — 1193 : « ex parte Archambaldi vicecomitis... anno

Vicomtes de Limoges.

(Geoffroi de Vigeois : « ... Iste Ademarus de Humberga genuit alterum ADEMARUM qui jurabat per corpus S. Martialis. Huius haereditas, ut dictum est, descendit ad filiam

ab. in. Dom. MCXCIII... » (*Cart. Obazine*, fol. 302) ; — 1196 : « Ego Archambaldus vicecomes de Comborn pro salute anime meae et omnium parentum meorum... VI Idus januari in manu Johannis abbatis Dalonis... anno ab inc. Dom MCXCVI » (*Cart. Dalon*, ms. Baluze, 375, p. 53) ; — 1198 : « in manu domini nostri Archambaudi vicecomitis de Comborn anno ab in. Dom. MCXCVIII » (*Cart. Dalon*, p. 56) ; — 1211 : « Assaliz frater Archambaudi vicecomitis de Comborn pro remedio anime suae et parentum suorum... Idem Assaliz et filius ejus Archambaldus... » (*Cart. Solignac*, ms. lat. 17.118 de Gaignières, p. 543) ; — 1220 : « Archambaudus vicecomes de Comborn omnibus has litteras inspecturis salutem... vocavimus et vocare fecimus fratres ordinis Cartusrensis in terram nostram... donavimus... has autem donationes fecimus presentibus et concedentibus filiis nostris Bernardo et Guischardo anno Dni MCCXX » (*Cart. Glandiers*, ms. lat. 17118, p. 259 ; c'est l'acte de fondation de la Chartreuse de Glandiers), et cf. dans la chronique de Bernard Itier pour l'an 1222 : « ... Arcambaudus de Comborn alteram cellam (instituit) de Chartosa » (*Chroniques de S. Martial*, éd. Dupleix-Agier, p. 114) ; — 1221 : « Archambaldus vicecomes de Comborn... monachi Tutellensis monasterii dominam Guischardam uxorem nostram jam defunctam... nobis illam dederunt de mera gratia tradendam sepulturae apud Obasinam, salvo tamen jure et privilegio monasterii Tutellensis... MCCXXI mense maio » (*Cart. Tulle*, n. 300, p. 177 et cf. Justel, ***Hist. gén. Turenne***, pr. 25, Baluze, ***Hist. Tutell.***, 537-8) ; — 1221 : « Ego Helias Flamencs (dominus de Bre)... dono domui S. M. Cart. quae nuper... vic. de Comborn est edificata quidquid habeo in toto tenemento de Glandiers » (*Cart. Glandiers*, ms. lat. 17.198, p. 260) ; — 1225 : « Arch. vic. de Combornio... noveritis quod P. Roberti miles donavit... nos et liberos nostros Bernardum et Guiscardum testes et defensores, constituimus ; acta in monte Assayrac » (*Cart. Glandiers*, ms. lat. 17.118, p. 291) ; — 1226 : « Arch. vic. de Combornio... noveritis quod Jordana filia Archambaldi d'Ornhac... In presentia Marg. uxoris filii nostri Bernardi... MCCXXVI, V kal. aug. » (*Cart. Glandiers*, p. 291) ; — s. d. une notice du cartulaire de Glandiers : « Egregius dnus Archambaldus vic. de Combornio et B. et Guischardus filii ejus

ejus Humbergam, quae appellata est BRUNICENDIS, mortuis Guillelmo [corr. Guidone] et Helia filiis Ademari supradicti. Aliam tamen filiam quae dicta est EMMA, post obitum prioris viri Bardoni de Coniaco, sibi copulavit Guillermus dux, frater Raymundi Antiochiae principis. Hanc postmodum rapuit Willelmus Sector-Ferri, filius Wlgrini comitis Engolismensis : unde maximum Lemovicensibus proveniret exitium, nisi idem dux brevi obiret, beato Martiale opitulente, apud S. Jacobum. — Igitur Brunicendis de Archambaldo Barbato genuit Ademarum, Guidonem, Archambaldum, etc... Ex filiis Brunicendis duo tantum fuerunt haeredes. Archambaldus, Combornensem honorem obtinens... Alter Brunicendis filius ADEMARUS, jubente avo suo Ademaro, vicecomitatum Lemovicensem obtinens, de Margarita sorore Bosonis de Torenna genuit ADEMARUM. — Huic Henricus rex Angliae dedit consanguineam suam Sarram filiam Roberti comitis de Glocestria [al. Rainaldi comitis de Cornualia] qui extitit filius Henrici munifici Regis Anglorum et frater Mathildis Imperatricis. Ademarus de Sarra genuit GUIDONEM, ADEMARUM et GUILLELMUM qui dictus est Peregrinus, eo quod die nativitatis ejus pater Hierosolymam proficisci coepit. Filiam MARGARETAM filio Aimerici de Rupecavardi, postea filio Audeberti [corr. Heliae] Petragorici comitis, AQUILIAM filio Guillermi de Gordon, HUMBERGAM Gaufredo de Lisignaco, MARIAM

qui dederunt locum istum de Glanderio in quo site sunt vinee et dna Gischarda uxor dicti vicecomitis et dna Margarita uxor dicti dom. B. » (p. 283); — 1230 : « Dominus vicecomes de Comborn » est arbitre commun dans un différend entre Guillem comte d'Auvergne et Sybille dame de Beaujeu (Baluze, *Hist. mais. Auvergne*, II, 263-4); — 1233, 1236, 1237, 1238 : « Archambaldus vicecomes Combornensis » est nommé dans quatre actes différents portant ces dates (*Cart. Obazine*, fol. 301 et 305); — Voy. enfin l'inscription : « Hic jacet dominus Archambaldus vicecomes de Combornio et Dominus Bernardus filius ejus etc. » qui se rapporte à Archambaut VI et à ses successeurs jusqu'à la fin du XIIIe siècle (A. Leroux, E. Molinier, A. Thomas. *Docum. hist. Marche et Limous*. Limoges, 1883-5, t. I. p. 98, n° 14; pour Archambaut VI on y lit : « mort après 1229 »; nos documents montrent qu'il vivait encore en 1238); — sur sa femme et ses fils, voy. encore pp. 63 sq.

Ebolo filio Eboli de Sybilla filia Radulfi de Faya tradidit maritis. — Hic GUIDO genuit GUIDONEM Probum qui de Margarita filia ducis Burgundiae genuit MARIAM unicam haeredem, quam Ludovicus rex Francorun filio suo Roberto desponsari promisit, anno Domini MCCLXX » chap. 41; le début parle des prédécesseurs d'Aimar III; le dernier passage est naturellement une addition postérieure à la chronique de Geoffroi; sans doute aussi l'avant-dernière phrase sur les filles d'Aimar V; cf. p. 42 et p. 137.)

Aimar III vicomte de Limoges (1090-1139) ne laissa pas d'héritier mâle, car ses deux fils, Guy et Helias, moururent avant lui. L'héritage passa à l'aînée de ses deux filles, Umberga ou Brunissent, femme d'Archambaut IV de Comborn. Aimar adopta leurs deux fils, Aimar et Guy, et se retira lui-même à l'abbaye de Cluny en 1138[1].

Aimar IV gouverna la vicomté, avec son frère Guy, jusqu'en 1148, date à laquelle Guy mourut à Antioche et Aimar à Limoges. Guy n'eut pas d'enfants. Aimar laissa de Marguarita de Turenne, sœur de Boson II, un fils mineur qui portait d'abord le nom de Boson, lorsqu'on espérait qu'il pourrait hériter de la vicomté de Turenne, et qui plus tard fut appelé Aimar[2].

1. AIMAR III. — Sur la mort de ses fils, voy. p. ex. un acte postérieur à 1117 : « Dominus Ademarus vicecomes Lemovicensis... pro animabus filiorum suorum Guidonis et Heliae » (*Cart. Aureil*, éd. G. de Seneville, p. 198); — cf. sur lui les mentions rapportées à l'article d'Archambaut IV de Comborn entre 1135 et 1138, ainsi que la note qui suit.

2. AIMAR IV et GUI son frère. — Voy. ci-dessus, article d'Archambaut IV de Comborn année 1140-8, et article de Boson II de Turenne, 21 décembre 1143; — cf. un passage de Geoffroi

Aimar V, après avoir atteint la majorité, épousa, d'après Geoffroi, Sara, une parente du roi d'Angleterre. Ce mariage doit avoir eu lieu vers 1160, car le fils aîné Guy apparaît dans les actes dès 1179. Aimar mourut dans la seconde moitié de l'an 1199[1].

de Vigeois : « Ex tunc (après 1137) Ademarus Lemov. vic. nepotes suos, filios Archambaldi, adoptavit, Guidonem videlicet et Ademarum, ut comitatum Lemovicensem soli haberent, aut, si unus obierit, alter solus totum possideret. Ita postmodum Guido vicecomes de Marquisia sorore Audeberti comitis de Marchia nullam suscepit prolem. Ademarus de Margarita filia Rainaldi [corr. Raimundi] de Torenna et Mathildis genuit Bosonem qui postea, eo quod erat solus, Ademarus vocatus est. Senior ergo ac jam silicernius Cluniacum petens, obiit monachus effectus » (Bouquet, *Rec. Hist. Fr.* XII, 434); — voy. un autre passage de Geoffroi : « Anno quo Guido Antiochiae et Ademarus moritur Lemovicae (1148) qui juxta caeteros vicecomites prope vitream de capella domini abbatis ad ortum solis tumulatus est... Hi duo fratres, Guido et Ademarus, octo circiter annis Lemovicensem vicecomitatum obtinuere pariter... » (Bouquet, *Rec. Hist. Fr.* XII, 437).

1. Aimar V. — Geoffroi de Vigeois dit à la suite du passage rapporté à la fin de la note qui précède : « Ademaro superstes remansit unicus filius quem Bosonem nuncuparunt qui Bosoni de Torenna patruo eum succedere praeceptaverunt. Qui aliud, Raimundo [fils posthume de Boson II de Turenne] invalescente contingere cernentes, Ademarum potius illum appellari censuerunt. Hujus pupilli tutoresque Geraldus episcopus et Bernardus decanus S. Aredii patruus ejus [cf. p. 177] alter post alterum extitere. Archambaldus [qui devint plus tard vic. de Comborn cinquième du nom] cum Bernardo fratre terram possedit ad tempus : verumtamen non tutoris sed legitimi possessoris officium ex parte se agere putavit » (Bouquet, *Rec. Hist. Fr.* XII, 437); — 1173 : « Post unum mensem Ademarus patruum compulit Bernardum Exidolium abdicare castrum » (*ibid.* 443); — 1175 : « Ademarus vicecomes Lemovicensis » (*Cart. Artige*, éd. G. de Seneville, *Bull. Limoges*. n. 105, p. 346); — 1178 : « N'Aimars lo vescoms de Lemotgas » (voy. l'append. III); — 1179 (la date résulte du document qui suit) : « Ademarus vicec. Lemovicensis Ademaro abbati... nisi Hierosolymam adierit, captus fuerit, aut filium nuptui dederit... idem juravit cum vicecomitissa... B. decanus S. Aredii, Hugo decanus Lemovicensis » (*Cart. Solignac*, ms. lat. 17 118 de Gaignières, p. 379); — juin 1179 :

Son fils Guy lui succéda et continua la lignée des vicomtes de Limoges.

« Ademarus Lemovicensis vicecomes... Eo die quo peregre Jerusalem proficiscens Anno MCLXXVIIII, VI Idus Julii... Testes Raimundus vicecomes Torenensis, Eblo vicecomes de Ventadorn... ego Guido filius Ademari vicecomitis omnia haec in praesentia patris mei... iubente patre meo concessi » (*Cart. Dalon*, ms. Baluze, arm. 375, p. 14); — 19 sept. 1181 : « A. vicecomite Lemovicensi » (*Cart. Artige*, n. 104, p. 345); — 1184 : « Ademarus vicec. Lemovicensis... MCLXXXIIII... Hoc concessit Guido filius vicecomitis apud Segur, praesente patre suo... Hoc idem concessit Ademarus alius filius ejus coram patre suo. Et ambo fecerunt hoc eodem anno scilicet anno ab inc. Dom. MCLXXXIIII » (*Cart. Dalon*, ms. Baluze, 375, p. 10-12); — 1192 : «... MCXCII in manu Petri abbatis, testis Ademarus vicecomes Lemovicensis, in cujus manu factum est, et se tutorem et defensorem hujus eleemosynae promisit et Guido vicecomes filius ejus » (*Cart. Dalon*, ms. Baluze, 375, p. 8-9); — 1196 : «... Ego Ademarus vicecomes Lemovicensis cum consensu Guidonis filii mei... abbatiae beati Petri Solemniacensis... in manu Dni Seebrandi Lemovicensis episcopi... Guido filius meus... concessit... apud Solemniacum VII Kal. Julii anno inc. Verbi millesimo centesimo nonagesimo sexto dno Hugone tunc abbate Solemniacensi, Ricardo Angl. rege, Phil. Franc. rege tunc existentibus » (*Antiq. Bened.*, ms. lat. 12748 de Dom Estiennot, p. 199); — avril 1199 : « Ego A. Lemovicensis vicecomes et Guido filius meus... Aimardus vicecomes Lemovicensis Audemaro comiti Engolisme fratri meo... Audemarus comes Engolismensis Aimardo vicecomiti Lemovicarum fratri meo » (*Layettes du trés. des chartes*, éd. Teulet, t. I, p. 201, n. 492-4, trois actes : Aimar de Limoges et Adémar d'Angoulême étaient tous les deux fils de Marguerite de Turenne, cf. ci-dessus, p. 157); 25 juin 1199 : « Ademarus Lemovicarum vicecomes... P. La Plou miles Petrabuferiae resignavit in manu nostra et in manibus filii nostri Guidonis et Ge. venerabilis prioris Grandismontis... actum apud Grandismontem... anno ab incar. Dni MCXCVIIII sequenti die post nativitatem Sti Johannis atbaptistae « (*Antiq. Bened.*, ms. lat. 12 478 de Dom Estiennot, p. 145); — il mourut la même année 1199 d'après les annales de Bernard Itier : « Obiit... Ademarus vicecomes senior » (*Chron. de St-Martial, de Lim.* éd. Dupleix-Agier, p. 60); — en 1201 son fils Guy est seul vicomte : « Jo. Lem. Episc. Guido vicecom. Lemov. » (*Cart. Solignac*, ms. lat. 17 118 de Gaignières, p. 386).

vicomt

ROTBERT,
 1030 et après 1030.

AUT I,
tadorn 1
1106.

BÉATRIS,
attestée vers 1112-1130.

HELIAS,
attesté après 1152.

AMBAUT,
sté 1147.

ARCHAMBAUT V,
vicomte de Comborn 1162/3-1184/7,
femme Jordana de Périgord.

4 autres fils
5 filles.

Turenne.

ARCHAMBAUT VI,
vicomte 1184/7 — après 1238,
femme Guischarda de Beaujeu.

ASSAILLIT.

vicomte
Maria de L

AQUILIA,
n. femme du s[r] de Gourdon.

BERNARD,
vicomte après 1238.

GUISCHARD,
seigneur de Treignas.

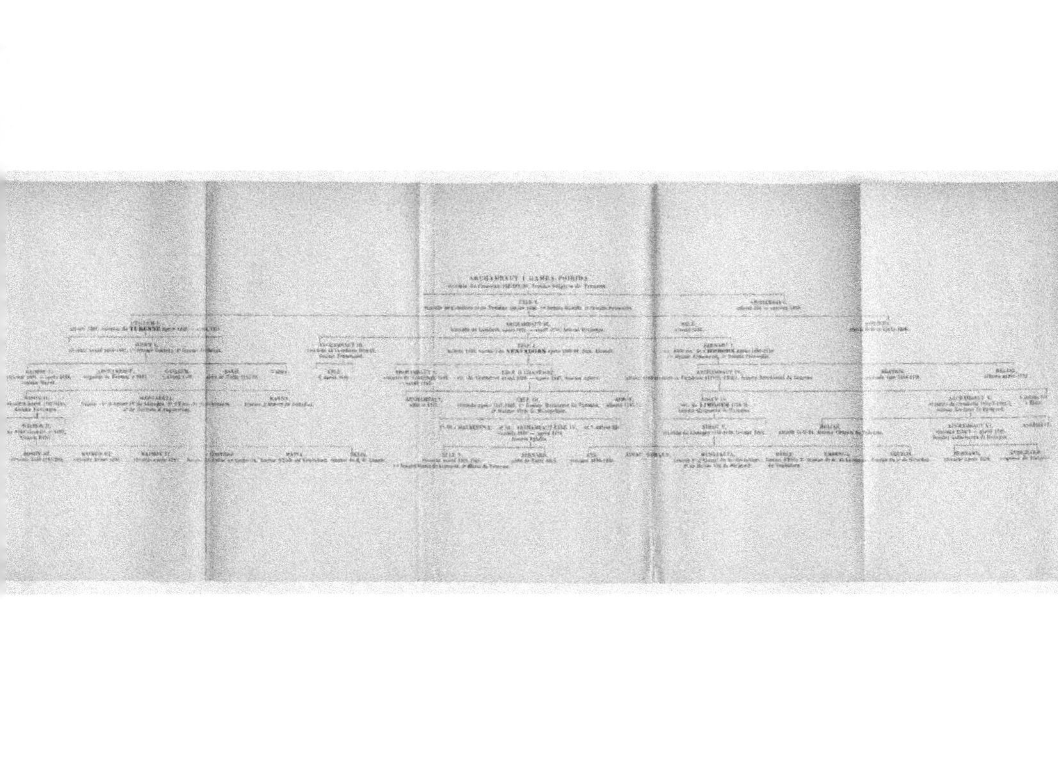

CHARTE LIMOUSINE SUR UN DUEL JUDICIAIRE EN 1178

Nous avons eu à renvoyer plusieurs fois au cours de la présente étude au document dont le texte suit. Cette charte en langue vulgaire, très intéressante, fut publié par Chr. Justel (*Hist. généal. des vic. de Turenne*, Paris, 1645, Preuves, p. 35-6). Elle n'est pas signalée dans la liste de M. A. Leroux, par simple erreur, son titre ayant été confondu avec celui d'une charte latine (*L'idiome limousin dans les chartes, les mss., les chroniques* faisant partie des *Mélanges Chabaneau*, Erlangen 190, p. 454). La publication de Justel est très défectueuse : on voit qu'il ne comprenait pas le texte qu'il publiait. L'original ne se trouve pas dans le fonds de Turenne aux Archives Nationales, bien que l'ancien inventaire de cette collection mentionne ce « procès verbal de l'an 1178 à l'armoire de Saint-Ceré » et en donne un résumé fait par Justel et identique à celui qu'il inséra à la p. 36 de son ouvrage (Arch. Nat. R² 38, p. 3). Notre charte est un des plus ancien textes en prose limousine et qui est, par son contenu, bien plus intéressant que la plupart de documents officiels, car elle nous donne le récit d'un duel judiciaire. Il ne sera pas inutile de la tirer de l'oubli. Conservant la graphie du texte que Justel avait copié sur l'original de 1178, je corrige la ponctuation ainsi que la séparation des mots, et je signale en bas les leçons visiblement corrompues :

1. Sciant omnes tam praesentes quam futuri que, per la senioria que·l coms Willelmes d'Alvergne avia a Sain Cere donada al vescomte Raimun de Torena, Rigalz de S. Cere e N'Ugo vengo devan lo vescomte Raimun com devan lor senior — cui ome litge ero pe·l do que·l coms d'Alvernge avia faih al vescomte de Torena de tota la senioria que avia en lor inz e·l castel, e eil e tuit li autre senior del castel per commandament del comte avian faih al vescomte las litjanzas que devio far al comte — e appellero Aimeric de S. Cere, lor parer, qu'era fraire d'Ugo e cosis Rigal, d'En Bertran de S. Cere que avia mortz lo primier dilus de Caresme, sequentre la messa, quant ago aorada la croz Nostre Senior que l'ospitalers de Jerusalem avia aqui aportada, e d'En Aimeric son paire cui pres aquel meeis jorn, e d'En Barnairet, e d'En Bertran Garner, e del castel que lor tolc aquel meeis jorn que lor avia fermat e jurat. Aimerix de S. Cere respon es aquest ape e dih que d'aizo non era tracher, que, malestans ab totz aquetz e avia·lz desfiatz dinz lo castel e defors, li altre que appelavano N'Aimeric escondissero lo desfiamen dinz lo castel. Pois, apres aquesta razo e moltas d'altras que

4. sor senior. — 7. in el c.; tute li a. — 8 auia f. — 9. deuir f. — 10. Rigal e den B. (*suppr.* e *et entendre* : appelero Aimeric d'En Bertran *accusèrent A. au sujet de B*). — 15. tole. — 19. appellano; escondisso; lo destiam.

ago dih ambas las partidas, conoc la cortz de lor senior lo vescomte qu'En Aimerix se devia defendre per batalia que tracher no fos ab cavaler que fos sos pars de riqueza e de grandeza. En Aimerix autreget lo jugament e dih que voluntiers s'en defendria si com la cortz de so senior lo vescomte avia dih. Pois que lo jugamenz fon autrajatz per ambas partz, lor senior lo vescoms donec lo jorn a Belloc, per la batalia far. Aquest jornz que lor donet fo lo martz primiers sequentre la octava S. Alari. Quant aquest jornz fo avengutz, lor senior lo vescoms venc a Belloc, et ab lui N'Aimars lo vescoms de Lemotgas, e N'Archambalz lo vescoms de Comborn, e N'Elias sos filz, e N'Elias lo vescoms de Gimel, e·N Talairanz, e·il senior Las Tors, e·N Jordas de Cabannez, e·N Rolf de Castelnou, e·N Fortainers de Gordo e·N Giralz que ero fraire al vescomte davas lor maire, e molt d'altres barons. Aquest meeis jorn foro ambas las partidas, d'En Rigal de S. Cere e d'En Ugo, e d'En Aimeric, a Belloc, devan lor senior lo vescomte. En Rigalz de S. Cere e N'Ugo vengo devan lor senior lo vescomte ab lor cosseil e presentero li gran massa de cavalers, que conogues s'en totz aquels cavalers n'avia negu que fos par N'Aimeric per la batalia far que la cortz del vescomte avia jutgada. E quan venc a la derrairia lo vescoms trobet n'i hun que era delz seniors de Fontangas et avia nom Giral Vezia, et jutget lo a N'Aimeric per so par per aquesta egania ..... [en] la batalia del martz que fo[s] justada troi al jos. Aquel jor fo faita la batalia en la cita a Belloc e, a conoguda de totz aquelz que la batalia viro, fo veneutz et mortz N'Aimerix. Après la mort de N'Aimeric, Rigalz de S. Cere e N'Ugo vengo devan lor senior lo vesconte e razonero que lor redes las messios que avian faitas per la

21. patroas. — 22. Aimeric. — 25. si en la cors. — 27. vesconte. — 28. los donec. — 30. vene. — 32. son filz. — 40. cavaler. 42. derrairia *cf. anc. franc.* derrainier. — 43. trobet ni hu. — 45. egania se tamer la batalia dal martz que fo justada troi al ios, aquel ios fo... « *et il le désigna, comme adversaire égal, pour sire Aimeric afin de mettre à l'épreuve ce forfait* (se tamer *est une leçon corrompue pour un verbe qui s'y trouvait*) *dans le combat du mois de mars qui serait poursuivi jusqu'à être jeté à terre* ». — 49. Rigal. — 50. avia.

batalia e que lor redes la terra e·l poder que N'Aimerix avia dinz lo castel de S. Cere ni defors. A aquestas parolas respondet lo vescoms e dich lor que las despessas lor faria redre tan quant deuria, mas tot quant el avia dinz lo castel ni defors, tenia per seu, e d'aco no lor avia re a redre, car l'encorremenz dels traidors deu esser al senior cui es om lo traidre ; noperzoque, s'era veiaire Rigal de S. Cere ni N'Ugo que res lor degues escaer de tota la onor N'Aimeric, el era garnitz cum lor en fezes dreh al esgart de sa cort. Apres aquest respos del vescomte Rigalz de S. Cere e N'Ugo acosselero se ab savis omes, ab tot lor cosseil que i avio, e il conossero que·l vescoms lor dizia ver e que la terra e la onors de N'Aimeric tant quant n'avia dinz lo castel ni defors, per un que re n'agues, era lor senior al vescomte per la traicio que Aimerix avia faita. E se per neguna dreitura re podio demandar ni querre en tot quant N'Aimerix tenia al jorn que fetz la traicio, solso e dero e autreero empatz lor senior al vescomte e a so lignatge a tostemps Rigalz de S. Cere e N'Ugo e tut li altre parcener del castel, Giralz de S. Cere e·N Willems, e·N Raolf de Burbujo, e Peire Austorx lo filz Girbert de Marcennac. E sobre tot aizo Bernardz de S. Cere lo Gros que era parceners e oncle Aimeric al vencut, donnet et autreet e sols empatz lo dreh e la raio que adonc avia ni avenir li podia, per retorn ni per alcossique avenir hi pogues, e·lla partida d'aquel so nebot N'Aimeric, al vescomte. Atretal do e atretal solta e atretal autreamen cum Bernardz lo Gros fetz al vescomte de lla onor N'Aimeric, fetz sos filtz ... enpatz. Hoc totum factum est anno ab incarnatione Domini MCLXXVIII regnante papa Alexandro, Lodovico rege Francorum, Henrico rege Anglorum et Raymundo comite Tolosano, et Geraldo caturcensi Episcopo, et Lemovicensi sede iam vacante.

— 54. tant quam d. mos. — 54-5. avio castel ny de fors tenia. — 56. deu esser.' — 57. noperzoque = *néanmoins*. — 57. nun Ugo. — 58. totz la onor Nai. lera. — 60. aquesti espos. — 61. savit. — 61-2. e el conoço. — 63. tant quam. — 64. era lox s. — 67. solso e deco. — 69. tus li. — 71. Girbt. — 72. lo gro ; parcerers. — 72-3. donet et autres. — 75. ella = en la. — 76. autream e. Bernard lo gro. — 77. filz airra en patz.

Parmi les seigneurs qui assistèrent à ce duel on voit donc Raimon II vicomte de Turenne, père des trois belles-sœurs, Aimar V vicomte de Limoges et Archambaut V vicomte de Comborn, Helias, fils de ce dernier qui épousa plus tard une des trois filles du vicomte de Turenne, le comte Helias VI de Périgord désigné par son surnom seul de Talairan, comme dans quelques autres actes et comme dans les poésies de Bertran de Born, enfin Raoul de Castelnou beau-frère du vicomte de Turenne et deux barons de Gourdon, frères utérins du vicomte.

On trouve dans une poésie de Giraut de Borneil (242, 19) la mention que voici de la localité de Saint-Céré dont il est question dans notre document (le sujet est : Dieu) :

> E si lai on lo mortz o pres
> me conduisses,
> sobre totz eu virera'l fre
> vas lo senhor de Sanh Sere.

Il ne s'agit pas d'une localité espagnole inconnue, comme le pense M. Kolsen dans son édition de Giraut (p. 320-1), mais de Saint-Céré en Quercy (cf. Uc de Saint-Circ, n. XL, v. 41). Notre document prouve que le seigneur de cette ville n'était autre que Raimon II, vicomte de Turenne. On sait qu'il se rendit en Terre Sainte en 1191. C'est alors que Giraut composa cette chanson et lui adressa ses saluts.

TABLE DES NOMS

I

HISTOIRE LITTÉRAIRE

II

FAMILLES ET LOCALITÉS

III

CHRONIQUES ET CARTULAIRES

(Passages discutés et à rectifier dans les chroniques, et documents inédits des cartulaires cités d'après les noms des lieux.)

TABLE DES MATIÈRES

APPENDICE

Paris. — Typ. Ph. Renouard, 19, r. des Saints-Pères. — 52537.

PARIS. — TYP. PH. RENOUARD. — 52537.

www.ingramcontent.com/pod-product-compliance
Ingram Content Group UK Ltd.
Pitfield, Milton Keynes, MK11 3LW, UK
UKHW021102270726
13993UKWH00006B/153